従来の想定を超える「激減ペース」進行中

このままでは100年間（2020→2120年）で日本人人口は8割減！

出所：国立社会保障・人口問題研究所「日本の将来推計人口」（2023年「出生低位・死亡高位推計」）

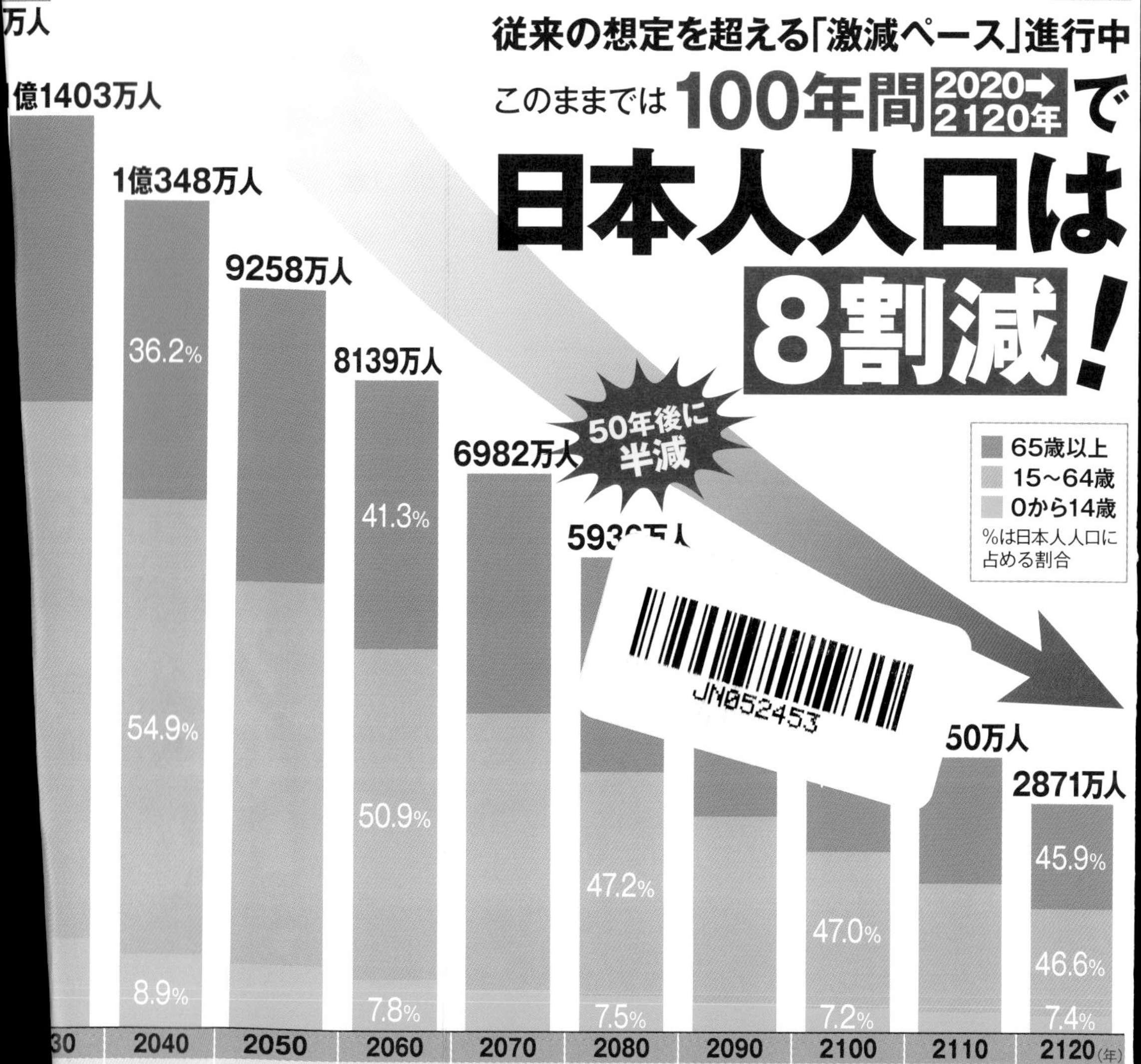

出生数激減ペース **−4.54%**（過去5年の実績値）が続けば **2120年は** わずか **8013人** になる！

2030	2040	2050	2060	2070	2080	2090	2100	2110	2120
5万人	33.0万人	20.7万人	13.0万人	8.2万人	5.1万人	3.2万人	2.0万人	1.3万人	0.8万人

出所：出生数は人口減少対策総合研究所試算。2023年のみ厚生労働省「人口動態統計」（概数）

衝撃シミュレーションPart②

もしこのまま年間出生数
〝激減〟ペース **マイナス4.54%**
が続いたらどうなるか

2023年生まれ
の未来図

2035年 2023年生まれ 12歳

日本人小学生(6-11歳)人口

2023年比 **36.7%減**

廃校続出

「空き教室」が増加

「子どもはどこにいるの?」

2043年 2023年生まれ 20歳

日本人20歳人口

2023年比 **34.6%減**

「超・売り手市場」企業の新卒採用苦戦

人事担当者「就活生が来ない」

デパート店員「晴れ着が売れない…」

2065年 2023年生まれ 42歳

日本人20-39歳人口

2023年比 **65.5%減**

「1人で3人分働かなければ…」

「人手が

〝若者の

2090年

日本人20-64歳

2023年比 **81.5**

働き盛りの
日本人がい

縮んで勝つ

人口減少日本の活路

河合雅司
Kawai Masashi

小学館新書

はじめに――人口減少を前提として未来を創造しよう

状況を悪化させる政策ばかり

日本社会が目に見えて崩壊を始めている。要因は、言うまでもなく人口減少だ。あらゆる業種で人手不足が拡大していることは多くの人が知るところである。大都市においても運転手のやり繰りがつかず路線バスの廃止や縮小が進み、従業員がいないという理由で店舗は臨時休業を余儀なくされている。大学の募集停止や小中高校の統廃合に加え、地方では店舗の撤退が相次いでいる。交番の縮小再編まで始まった。

高齢者はまだ増え続けており、現役世代はさらに減っていく。高齢化で社会保障費は伸び続け、「五公五民」と言われるまで上昇した国民負担率は天井知らずだ。

名目GDP（国内総生産）は2025年にはインドにまで抜かれて5位に転落する見通

しで、日本の国力の陰《かげ》りは覆《おお》い隠し難《がた》くなってきた。最近の円安も、単に世界の経済事情だけが理由とは思えない。円の信認が揺らぎ始めていることが底流にあるのではないのか。日本の未来を悲観する若者たちが国外への脱出を図る動きも目立ち始めた。

ところが、政府も地方自治体も対応がことごとく後手に回っている。的を射ていない対策が幅を利かせ、効果が表れるどころか、むしろ状況を悪化させる政策が目につく。

出生数減少の真因は「母親不足」

周回遅れの最たるものが、少子化対策である。子育て支援の強化だけで人口減少対策をしたかのような気になっている政治家は多いが、すでに手遅れだ。

国会議員や首長、経済団体の幹部などには、いまだ「出生率《しゅっしょう》が上がれば、出生数は増える」と固く信じている人が少なくない。

だが、これらが事実誤認であることは2005年と2015年の〝ねじれ現象〟が証明している。2005年とは合計特殊出生率が当時の底である1・26に落ち込んだ年だ。その後の子育て支援策もあって2015年には1・45にまで回復した。しかしながら、

出産期の日本人女性　25年後に4分の3

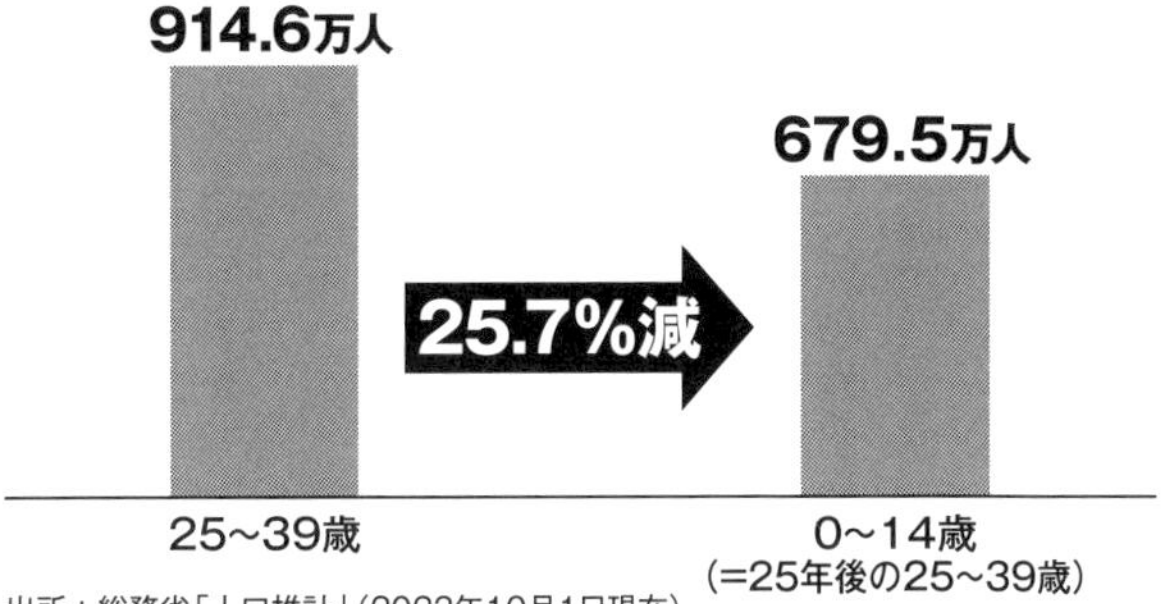

出所：総務省「人口推計」(2023年10月1日現在)

出生数のほうは106万2530人から100万5721人へとむしろ減ってしまった。

なぜ〝ねじれ現象〟が起きたのかといえば、出産期である25~39歳の女性人口が17・7%も減ったためだ。出生数減少の真の原因は「母親不足」なのである。

2023年までの直近10年をみると出生数は29・4%の大激減となったが、これも「母親不足」によるところが大きい。この間の25~39歳の日本人女性は19・0%も減っている。これに未婚率の上昇や夫婦がもうける子ども数の減少といった結婚や子どもに対する人々の価値観の変化が加わり、急落したのである。

ちなみに、「母親不足」は今後さらに加速する。総務省の人口推計で2023年10月1日現在のこの年齢の日本人女性数を確認すると914万6000人だ。

一方、25年後にこの年齢に達する0～14歳は25・7％も少ない679万5000人でしかない。四半世紀で4分の3にまで減るのでは、「異次元の少子化対策」として莫大な財源を投じても、効果は期待できまい。

「少子化対策の強化など無駄だ」と言いたいわけではないが、もはや日本は出生数の減少も、人口減少も止めようがないのだ。年間出生数が50年もせず10万人を下回る可能性を否定できず、100年もすれば日本人は8割近く減る。出生数の回復を待ってはいられないということである。事態がここに至っては、政府が取るべき政策はこの〝不都合な現実〟を受け入れ、人口が減ることを前提として社会を作り直すことだ。このままでは足下から日本社会が崩れていく。

深刻なのは「消費者」の減少

しかしながら、政府だけでなく、国会議員にも、地方自治体の首長にも、企業経営者の多くにも「現状維持バイアス」が働いているから厄介だ。自分の任期中だけでも何とかこれまでの経験にのっとった成功や成長を維持できればいいということだろう。

例えば、外国人の受け入れ拡大だ。「不足分を手っ取り早く穴埋めすればよい」という発想である。だが、これには限界がある。日本人の勤労世代の減少規模があまりにも大きく、それを補充するだけの労働者を日本だけに送り出せる国は見当たらない。要するに「焼け石に水」なのである。

企業単体で捉えるならば、外国人労働者は人手不足対策の有効策である。外国人抜きには回らないという業種も少なくない。だが、人口減少社会において不足するのは「働き手」だけではない。むしろ深刻なのは「消費者」の減少のほうだ。仮に、1つの企業レベルで人手不足を解消し商品の生産体制を維持・拡充できたとしても、商品を買ってくれたり、サービスを利用したりする消費者が少なくなったのでは、結局は事業を継続できない。

人口減少が先行して進む地方に対する対策も似たり寄ったりである。いまだに地方分権とか道州制を人口減少対策の切り札のように語る人が少なくないが、これらも周回遅れの見解だ。もはや地方分権でどうにかなる段階ではなくなった。

最近では、〝地方消滅〟という言葉が躍っていることもあって、多くの地方自治体が移住者受け入れ促進に一生懸命だ。だが、これも大きくズレた取り組みだと言わざるを得ない。「不足分をどこからか引っ張り込んで穴埋めできればいい」という考え方は外国人の受け入れ拡大と同じである。問題は日本全体の人口が減ることなのだ。大きなコップの底に穴が開いて水が漏れだしているというのに、小さなコップに小分けしてどちらが多いと競っても仕方がないだろう。そうしている間にも、全員が水を飲めなくなる。

「現状維持バイアス」を取り除くには

これら弥縫策《びほうさく》が跋扈《ばっこ》するのは先述したように「現状維持バイアス」が要因だが、なぜ「現状維持バイアス」が働くかと言えば、人口減少問題を正しく理解していないからである。現実を見ようとしないので、〝実現できもしない未来〟を夢想し、あたかも努力すればそれが手に入るかのように思い込む。こうして、これまでの成功体験にしがみつくことになっていく。

そこで本書は、「現状維持バイアス」を取り除くべく、第1部でリアルな人口減少の未来予測に挑む。まずは〝不都合な現実〟を直視しようということだ。

第2部では、各分野で顕著になってきた「日本崩壊」の予兆やシグナルを取り上げ、世に蔓延《はびこ》る「現状維持バイアス」や弥縫策を可視化する。人口減少の何が問題なのかが理解しやすくなると考えるからだ。それは同時に、日本崩壊のプロセスがかなり進んでしまっていることを浮き彫りにするだろう。

第3部では、崩壊を始めた日本を「人口減少に耐え得る国」へと立て直すために進むべき道を明示したい。繰り返すが、われわれは人口が減り続けることを前提とせざるを得ない。それには新しい「勝利の方程式」を獲得する必要がある。

まだ日本の勝ち筋は残っている

「現状維持バイアス」を取り除くには、大切に守ってきたものをひとたび否定するところから始めなければならない。過去の成功体験はもとより、捨てがたい伝統やこだわりもその対象となる。多くの人が価値観の変化を求められよう。国土の在《あ》り様《よう》も大きく変えざるを得ない。日本が勝ち残るための改革を進めれば、既得権益を手放さなければならない人も出てくる。これまでの成功体験の否定には強い抵抗が予想される。だが、人口減少スピードの速さとその影響の大きさを考えれば荒療治《あらりょうじ》は避けて通れない。

私は人口減少に伴って起きる弊害を「静かなる有事」と名付け警鐘を鳴らし続けてきた。以来20年余が過ぎ、多くの選択肢は過去のものとなってしまった。だが、万策が尽きたわけではない。まだ日本の勝ち筋は残っている。人口が減ることをむしろチャンスとして活かし、「縮んで勝つ」ことだ。

それを「戦略的に縮む」という成長モデルとして示す。具体的にどう実行に移していけばよいのか。その道順についてもステップを踏んで追うことができるよう「7つの活路」として整理した。言うならば、「救国のシナリオ」の提言だ。

日本人がむこう100年間で8割も消えるという激烈な人口減少は、わが国始まって以来の「最大の国難」だ。国家が残るか消えるかの瀬戸際にあるのだ。われわれは残された力を振り絞り、大一番に打って出て勝利するしかないのだ。

本書が読者の皆さまの足元を照らす1冊になれば幸いである。

2024年7月

河合雅司

縮んで勝つ

目次

第1部

100年で日本人8割減

推計の「前提」が甘すぎる

「はじめに」で述べたように、日本の人口減少は止められない。減ることを前提として対策を考えていくことが求められるが、それには人口がどのようなペースで減り、日本社会がどう変わるのかを正しく理解する必要がある。

国立社会保障・人口問題研究所（社人研）の「日本の将来推計人口」（2023年推計）のうち、標準的な見通しである「中位推計」によれば、外国人人口を含む総人口は2056年に1億人を割り込む。2070年に8699万6000人となり、2120年には4973万3000人にまで落ち込むとしている。

2020年の国勢調査における総人口は1億2614万6099人なので、50年間で約3割、100年間で約6割少なくなるということだ。

人口減少スピードのカギを握る年間出生数については2070年に50万人となり、2120年は26万7000人になるとしている。

かなり衝撃的な数字が並んでいるが、社人研のこの推計はあてにならない。というのも、根幹部分の前提が「現実離れ」と思えるほど甘すぎるためだ。実際にはもっと速いペースで人口は減っていく。

現実味に欠ける出生数の見通し

甘すぎる前提は2つある。1つは出生数の見通しである。長期の合計特殊出生率を1・36として計算しているのだ。2023年は1・20と過去最低を更新しており、現実味に欠ける。

しかも、当面の出生数は大きく減らないことにしている。日本人の出生数を見ると、2024年は前年より1万6000人も増えて75万5000人になるとしている。その後は2029年まで74万人台半ばで横ばいとなり、2031年になっても73万9000人だ。「中位推計」では2070年の日本人の出生数は45万3000人で2021年と比べると44・3%しか減らない。単純計算すれば、毎年1%も減らないということである。

これに対して現実はどうか。厚生労働省の人口動態統計によれば、2015年に100万5721人だった日本の出生数は2023年には72万7277人（概数）となり、社人研の中位推計をすでに下回っている。わずか8年で27・7％も減るという驚異的な減少スピードとなっているのだ。

とりわけ、この数年の下落は著《いちじる》しい。厚労省の人口動態統計で日本人の出生数の対前年増減率を計算すると、過去5年は5％以上下落した年が目立つ。2019年は5・8％減、2022年5・0％減だ。2023年も同統計の月報年計（概数）によれば5・6％のマイナスだ。一段ギアが上がり、「出生数激減ペース」に突入したと言えよう。

2019～2023年の対前年増減率を平均すると「マイナス4・54％」である。

デフレ経済からの脱却に伴って物価は上昇し、実質賃金のマイナスは長期化している。実社会においては、国民負担率は5割近くに及び、円安も続いて暮らしは楽ではない。足元の経済苦境に結婚や子どもを持つことを希望しながら諦めている若者が少なくないのだ。

社人研の中位推計は、こうした結婚や出産に関する若者の意識や経済情勢の変化を十分に反映させているとは思えない。コロナ禍による婚姻件数や出生数の減少についても「突発的」と片づけ、低迷は長続きしないと結論づけている。具体的な根拠を示すことなく、出生数がしばらく横ばいで進み、その後も緩やかに減って行くと説明しても説得力はない。

出生数と合計特殊出生率の推移

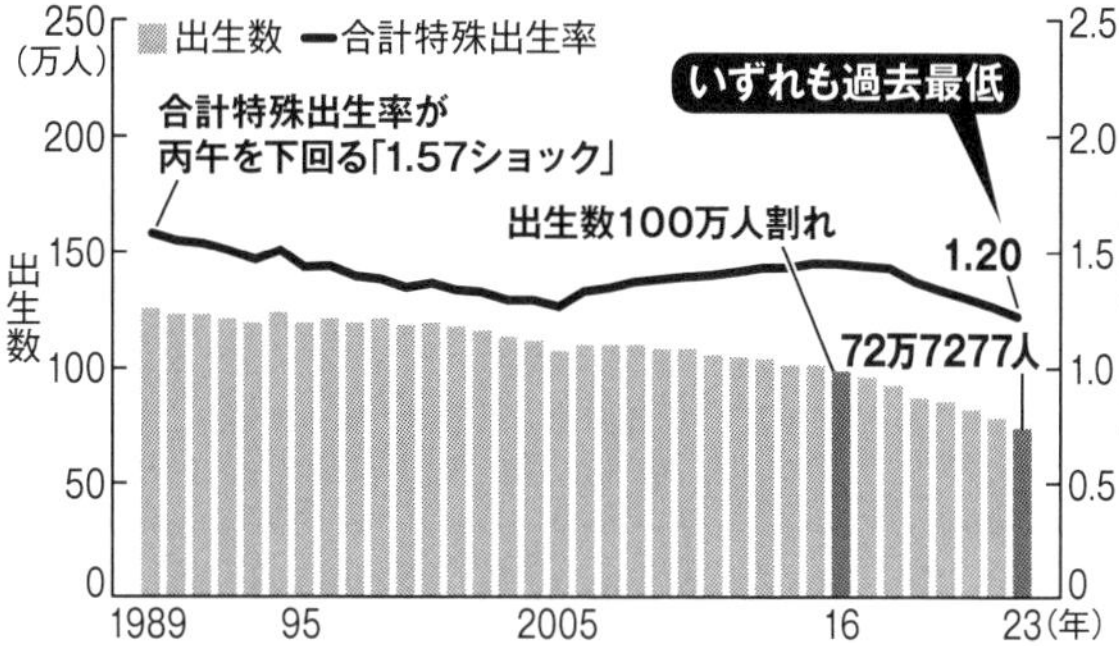

出所：厚生労働省「人口動態統計」(2023年は概数)

政府は「若年人口が急激に減少する2030年代に入るまでが、少子化トレンドを反転できるラストチャンス」と位置付けて、「異次元の少子化対策」を進めているが、社人研の甘すぎる見通しは政府のこうしたスローガンを気に掛けて忖度《そんたく》したようにさえ見える。

乱暴すぎる外国人「2・4倍増」推計

社人研のもう1つの甘すぎる前提は、外国人の増加数の見立てだ。2017年の前回推計では年間の増加ペースを年6万9000人としていたが、16万4000人に引き上げた。2040年まで一定して「16万4000人」ずつ外国人人口が増えることにしたのである。なお、2041年以降の外国人人口の増加数については「長期的には日本の人口規模と連動して減る」として、徐々に減ることとしている。

しかしながら、「16万4000人」の根拠はコロナ禍前2016〜2019年の入国超過数が平均16万3791人だったという点のみである。前回推計から外国人をめぐる状況が大きく変わったわけではないのに、一挙に2・4倍増としたのは乱暴である。しかも、来日した外国人のすべてが永住、定住するわけではない。10万人来日しても数年で10万人が帰国すれば、日本社会の構成員としての人数はプラス・マイナスしてゼロだ。毎年の来日外国人数がそのまま積み上がり、総人口の増加につながるわけではない。

外国人労働者というのは国際情勢に左右されやすく、いわば〝水物〟である。近年は送り出し国の経済発展が目覚ましく、多くの国で豊富な雇用が創出されている。しかも、日本以外の国でも外国人労働者の需要が高まっている。労働者側としてみれば選択肢が広がってきたということである。賃金水準が低く、言葉も通じない日本は、いまや「魅力ある国」ではなくなった。外国人労働者というのは、より多くの収入を得られる国、チャンスが大きい国に流れる。政府は在留資格の見直しを重ねてきているが、「門戸を開けば多くの外国人が喜んでやってくる」と考えるのは日本人の驕《おご》りである。むしろ、近頃は〝安いニッポン〟に見切りをつけ、海外に出稼ぎに行く日本人が増えている。

多くの国では外国人労働者が増えることによって自国労働者の賃金水準が下がり、その不満から排斥《はいせき》や社会の分断が生まれてきた。増えすぎた外国人に手を焼いている国はいまも少なくない。日本も同じ道をたどることだろう。

そもそも、社人研は毎年16万4000人もの人が具体的にどこの国から来るというのか。来日後に何年滞在するのかといった基本的なことについても説明できていない。とても、エビデンスに基づいた推計とは言えない代物《しろもの》なのである。「推計」というより、政府としての「受け入れ目標数」を表明したような印象だ。

人々が簡単に国境を越えられる時代となり、外国人人口は現時点よりは増えるだろうが、社人研の推計が予測するほどの数になるとは考え難いということである。

楽観的な未来図は「政治的な産物」

仮に、毎年16万4000人ペースで外国人が増えた場合、日本社会はかなり変質する。

社人研の中位推計による2070年の外国人人口は939万人だ。一方で、日本人は減るので総人口に占める割合は10・8%となる。これは立派な「移民大国」の誕生である。2120年になると外国人人口も850万4000人に減るが、日本人がそれ以上に少なくなるため割合は17・1%に拡大する。

外国人を大規模に受け入れていくと、来日者だけでなく、日本で生まれる外国人も増える。2070年の外国人による出生数は4万7000人となり、年間出生数の9・4%を占める。2120年は2万9000人で10・9%となり、新生児の1割以上が外国人となる。

来日者の多くは若者だ。一方で、日本人は若い年齢の人口ほど減り方が激しい逆三角形社会である。社人研の推計を基に20〜30代において外国人が占める割合がどう推移するかみてみよう。この数年は少子化ペースが速まっているので、出生数を厳しめに予測した「出生低位・死亡中位推計」で計算すると、2020年は5・4%だが、2045年には13・4%となる。2070年は18・0%、2120年は21・0%に達する。日本で生まれた外国人がこの年齢に達することで数字を押し上げるのである。大摑みにとらえるならば、高齢者の大半は日本人で、20〜30代は5人に1人が外国人という社会が訪れる。

「20～30代の5人に1人は外国人」という社会が到来

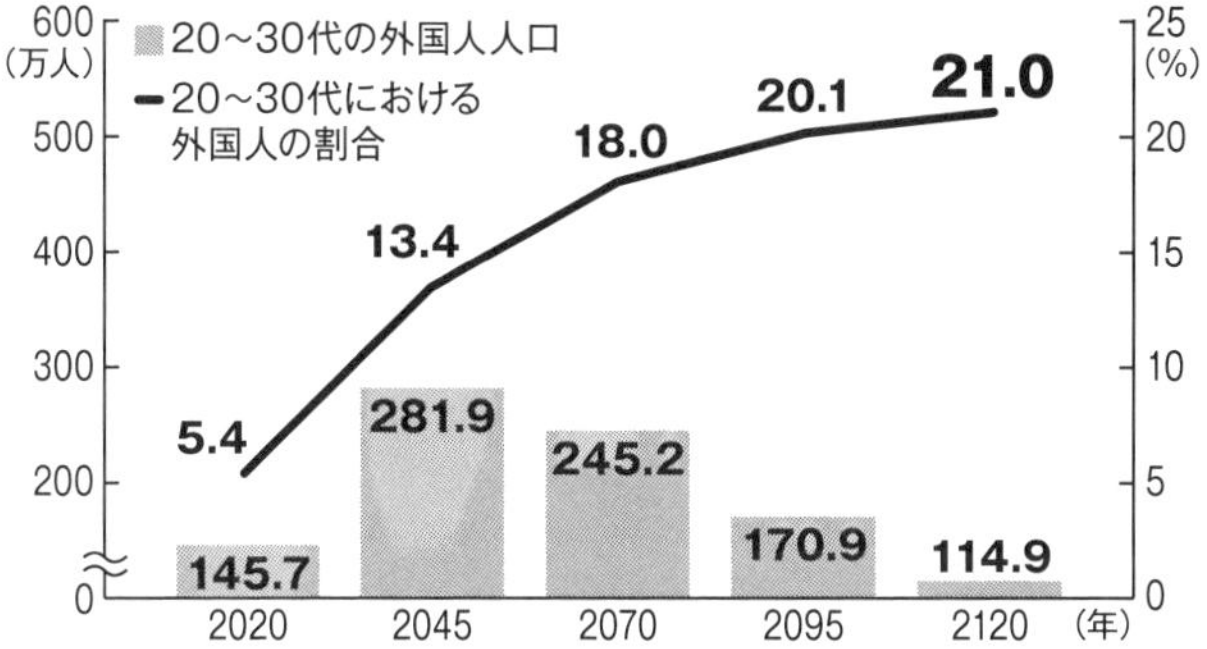

出所：国立社会保障・人口問題研究所「日本の将来推計人口」（出生低位・死亡中位推計／2023年）

人口が増えている国と減っている国とでは、外国人を受け入れるといっても意味するものが全く異なるのである。

外国人の大規模受け入れには、共生のための費用や教育費など多大な社会コストが生じることも忘れてはならない。

政府は経済界の強い要望を受けて、目先の人手不足対策として受け入れ拡大を急いでいる。足元の対策としてはやむを得ない部分があるが、将来のことを深く考えず、なし崩しで門戸を開いていったならば、いつの日か日本は日本人がマイノリティーの多民族による「共和国」となるかもしれない。

なぜ、社人研の推計は甘すぎる前提を置いて楽観的な未来図を描いたのだろうか。社人研の推計は国勢調査に合わせて概《おおむ》ね5年ごとに発表されるのだが、見通しの甘さは毎回だ。数年もたたずに実績値との乖離《かいり》が生じるということが繰り返されてきた。

その背景について、多くの政府関係者は「公的年金の財政検証の前提として使用されるためだ」と説明する。「年金制度の担い手である現役世代の将来見通しは年金財政に直結するため、なるべく楽観的な見通しを公表することが求められている」というのである。「政治的な産物」の意味合いが大きいということである。

2023年推計は、人口減少の深刻化を受けて楽観的な見方を簡単に示せなくなり、従来に増して〝強引な辻褄《つじつま》合わせ〟を迫られたということだろう。

罪が深いのは、政府の公式推計であるため、これをベースとして政府の政策立案や各所での議論が進むことである。これでは実態と乖離し、政策や対策にズレが生じるのも当然だ。結果として、人口減少に耐え得る社会への再構築が遅れることとなる。

未婚女性や夫婦の意識が変化している

社人研には「現実に即した推計」をつくり直してもらいたいところだが、「人口減少のリアルな未来図」は既存データからでも窺《うかが》い知ることはできる。

まずは出生数だ。２０１９～２０２３年の出生数の対前年増減率は平均して「マイナス４・５４％」となり「出生数激減ペース」に突入したと先述したが、今後もこの「激減ペース」が続くならばどうなるのだろうか。私が理事長を務める人口減少対策総合研究所（人口減少総研）が機械的に計算したところ、年間出生数は10年後の２０３３年には45万７０００人ほどとなった。２０４０年は33万人、２０５０年は20万７０００人となり、現時点から半世紀もしない２０７０年には８万２０００人弱にまで落ち込む。その後も減り続けて２０８１年には５万人を割り込み、およそ１００年後の２１２０年にはたったの８０００人ほどとなってしまうのである（カラー口絵参照）。

もちろん、「４・５４％減」という激減ペースがこの先もずっと続くと決まったわけではない。だが、国民の意識の変化を見ると言下に否定することもできない。

社人研の「第16回出生動向基本調査」（２０２１年）において18～34歳の未婚者男性の17・３％、女性は14・６％が「一生結婚するつもりはない」と回答している。前回調査（２０１５年）では12・０％、８・０％であり、女性の伸び幅が極めて大きい。

しかも、希望する子ども数は、男性が平均1・82人、女性が1・79人でいずれも過去最低を記録した。前回の女性の回答は2・02人だったのでまさに急落である。「結婚したら子どもは持つべき」と考える人も、女性は前回の67・4％から36・6％へと30ポイント近くも減った。これらは、前回調査からの6年間で未婚女性の結婚や出産に対する価値観が著しく変わったことを裏付けるのに十分なデータだ。

一方、夫婦の意識の変化も見てとれる。理想とする子ども数は2・25人（前回比0・07人減）で2002年以降は下落傾向が続いている。「子ども1人」という夫婦の割合が29・4％と前回調査（28・2％）を上回り、夫婦の最終的に持った子ども数を示す「完結出生子ども数」も1・90人と過去最少を更新した。日本は婚外子が少なく、結婚支援が出生数減対策に有効とみられてきたが、徐々に危機的な段階に向かい始めていることを窺わせる。

この調査は、社会が重苦しい雰囲気に包まれていたコロナ禍の最中に実施された。その点は割り引いて考えなければならないが、出生数の対前年比下落率が5・8％減と大幅に落ち込んだのは先述した通り2019年のことだ。減少スピードは、コロナ禍前の段階ですでに加速していた。

「低出生率のわな」の影響大

結婚や出産の意欲減退の背景には、経済をはじめとする日本の国力の衰退への絶望感や閉塞感もある。加えて「低出生率のわな」の影響が無視できない。

「低出生率のわな」とは、合計特殊出生率が長期低迷することによって子どもが少ないことが「当たり前」となり、それに合わせて人々の意識やライフスタイルが変わってしまうことを指す言葉だ。

コンビニエンスストアに代表されるように、いまや暮らしをサポートしてくれるサービスや商品が世の中に溢れ、1人で生活しても昔と比べれば不自由さを感じることは少なくなった。家族がいないと〝一人前〟と認められず、住宅ローンが借りづらいという社会ではなくなった。日本の衰退がもたらす閉塞感や「低出生率のわな」の影響が大きくなってきたタイミングにおいてコロナ禍が重なり、結婚や出産に対する意欲減退に追い打ちをかけたということだろう。

意欲の減退は婚姻件数の減少に表れている。厚労省の人口動態統計によれば、2020年はコロナ禍前だった前年2019年より12・3%も減り、2021年はその水準からさらに4・6%下がった。この落ち込みはコロナ禍における行動制限が繰り返されたことの影響だ。コロナ禍の影響が落ち着いてきた2022年は0・8%増とわずかに戻したが、2023年（概数）は6・0%減と再びマイナス幅が拡大した。

これを実数にすると、2019年の59万9007組に対し、2023年は47万4717組でしかない。わずか4年で12万4290組も減った（20・7%減）。

「はじめに」で指摘した通り、出産期の女性人口の激減が出生数の減少の真の要因であり、人口減少の最大要因でもある。出生数の減少が、次なる「出産期の女性人口」を減らしていくことを考えれば、この縮小ループから抜け出すことは容易ではない。

ただでさえ若い世代が激減していくというのに、結婚する人が激減し、結婚しても希望する子ども数を持たないカップルが多くなったのでは、2070年の年間出生数が8万2000人にも満たなくなることは十二分に考えられる。多くの人が考えているより、日本人が〝絶滅〟する時期は早そうだ。

婚姻件数はわずか4年で2割減！

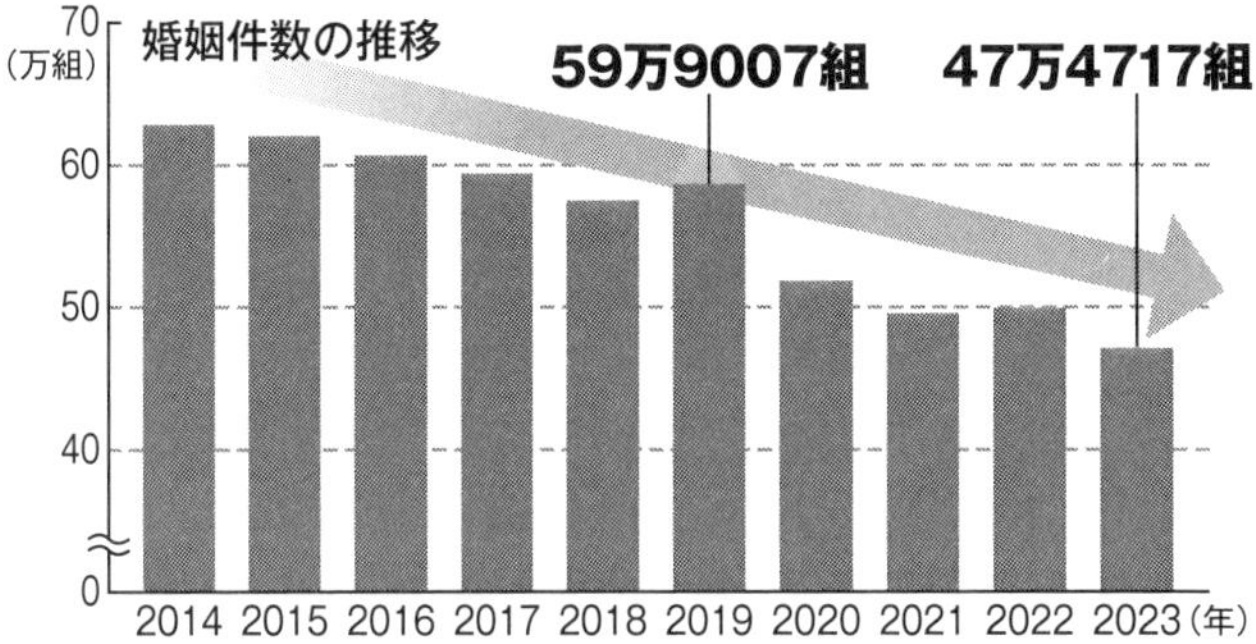

出所：厚生労働省「人口動態統計」(2023年は概数)

「リアルな未来図」では総人口7〜8割減

こうした国民の意識の変化を見る限り、「人口減少のリアルな未来図」はマイナス4・54%という「出生数激減ペース」で展望するのが妥当だと言えそうである。

では、「激減ペース」で進んだら、日本人の人口はどのような減り方をするのだろうか。人口減少総研は、出生数が過去5年の平均下落率であるマイナス4・54%が今後も続いていくと仮定し、年齢別死亡率を反映させて独自の試算を行った。かなり粗い試算ではあるが2045年には早くも1億人を下回り、2050年に9000万人、2060年7600万人、2070年6200万人ほどとなる。

2023年生まれの人が57歳となる2080年には4900万人にまで減る見通しだ。2120年は1500万人ほどの「小国」となるという結論に至った。

これは人口学に基づいた標準的手法で推計をやり直したものではない。あくまで「目安の数字」である。そこで社人研の推計において、これに近いものを探してみたところ「出生低位・死亡高位推計」が似た数値となっている。

「日本の将来推計人口」の「中位推計」が甘すぎることはすでに説明した通りだが、社人研は「中位推計」とは別に、長期の合計特殊出生率を「1・13」とし、日本人女性については1・07とするなど、出生数の見通しをシビアに見た「低位推計」も行っているのだ。ただ、「出生低位・死亡高位推計」は「出生数激減ペース」に近い未来図を描いているとはいえ、出生数の減り方は「激減ペース」よりかなり緩やかである。しかしながら、死亡率は高めにとっているため人口減少スピードは社人研の推計の中では最も速い。要するに、人口が減って行く根拠は異なるが、数字面だけを追えば「激減ペース」に近いということだ。「リアルな未来図」をイメージするにはよさそうである。

社人研の「出生低位・死亡高位推計」によれば、日本人人口は2044年には9909

万8000人で1億人を割り込み、2050年は9257万5000人、2070年に6981万5000人になるとしている。2120年には2870万9000人と3000万人を下回る水準にまで落ち込む（カラー口絵参照）。

国勢調査の日本人人口は1億2339万8962人なので、2070年は43・4％減、2120年には76・7％も減る。

マイナス4・54％を基にした人口減少総研の粗い試算よりは幾分緩やかな減少ペースではあるが、大きな隔《へだ》たりがあるとまではいえない。

ちなみに、外国人を含む総人口は2050年に1億人を下回り、2070年に7832万7000人だ。2120年には2020年の国勢調査より72・4％少ない3482万7000人になるとしている。ただ、先述したように社人研の外国人人口の見通しはかなり恣意《しい》的だ。それは「出生低位・死亡高位推計」においても同じである。

「出生低位・死亡高位推計」の日本人人口を年齢別に見てみると、危機感はより大きなものとなる。2020年の勤労世代（20～64歳）は6713万人だが、2040年には5339万6000人である。平均すれば毎年70万人弱のペースで減っていく計算だ。2070年には3251万8000人となり、2120年には1252万4000人になるとしている。勤労世代に限れば2020年からの100年で81・3%も減るということだ。

外国人が多少増えたとしても、日本人の勤労世代がここまで少なくなるのでは、現状維持は無理がある。私が「現状維持バイアス」にとらわれず、日本社会を根底から変えるしか手立てがないと繰り返し提言している根拠の1つがここにある。

「3人に1人が75歳以上」の超々高齢社会に

一方、65歳以上の高齢者は2020年の3584万人（日本人人口全体に占める割合は29・0%）から増え、2042年の3758万5000人（同37・1%）でピークを迎える。2070年には3000万6000人で43・0%となる。同年の20〜64歳人口の割合は46・6%なので現役世代と高齢者が同程度の規模となるということだ。2120年は1318万2000人と人数は減るが割合のほうは45・9%とさらに高まる。

高齢者の中でもとりわけ比重が高まるのが75歳以上である。2020年の1853万人（同15・0%）から2040年には2087万8000人（同20・2%）まで増える。

「3人に1人が75歳以上」の超々高齢社会に

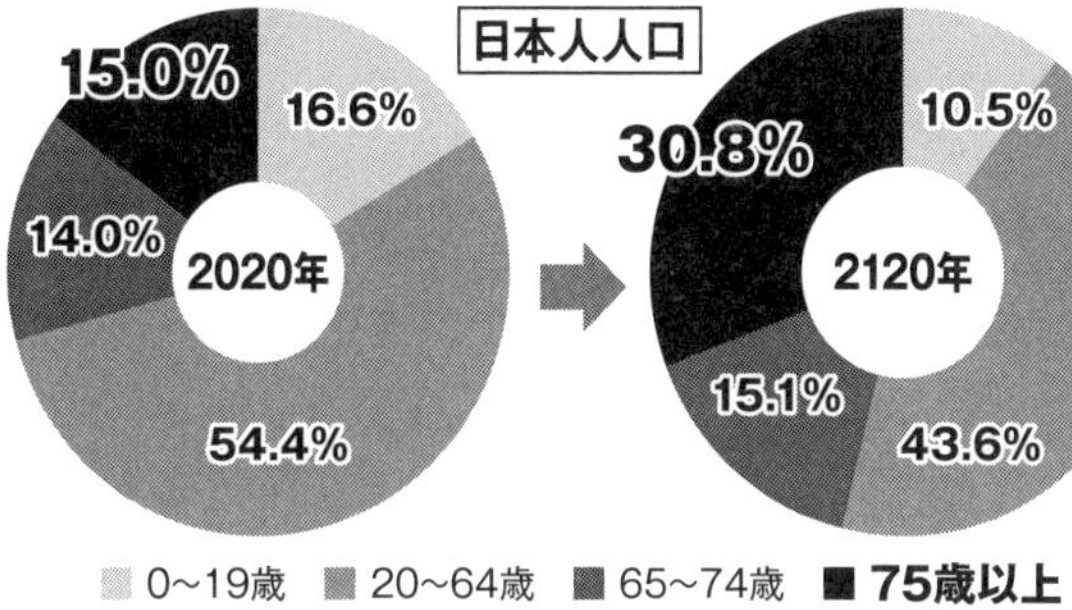

出所：国立社会保障・人口問題研究所「日本の将来推計人口」(出生低位・死亡高位推計／2023年)

2070年になると若干減って1934万3000人となるが割合は27・7%だ。2120年は884万6000人に減るが、割合はさらに拡大して30・8%だ。日本人の3人に1人弱が75歳以上という超々高齢社会になる。

だが、「出生低位・死亡高位推計」における日本人の年間出生数の見通しは2040年55万8000人、2050年45万2000人、2060年35万4000人、2070年は31万1000人などマイナス4・54%の「激減ペース」とは大きな差がある。

もし年間出生数が「激減ペース」に近い線をたどれば、これら年齢別の数字は軒並み「出生低位・死亡高位推計」より悪くなる。日本人人口の減少も、実際にはもう少し速いペースで進みそうだ。

「マイナス4・54％」が続いたとしたら

マイナス4・54％が今後も続いた場合の未来も描いておこう。

年間出生数72万7277人だった「2023年生まれ」の人が30歳となる2053年の日本人の出生数は18万人である。20代人口は568万3000人だ。総務省の人口推計（2023年10月1日現在）によれば20代の日本人人口は1170万4000人なので51・4％も少ない。今後30年間で若者向けマーケットを対象とする業界ではかなり淘汰《とうた》・再編が進むことだろう。

たとえば、大学入試に大きく関わる18歳人口を見てみると、2023年は106万4000人だったが、2053年は41万6000人と4割も減る。これでは大学の淘汰は避けられまい。18歳人口はその後も急落が続き、2063年には26万2000人、2073年は16万4000人まで減る見通しだ。ここまで待たずに、国立大学を含めた多くの大学は再編を迫られることになるだろう。

「2023年生まれ」が40歳となる2063年はどうか。年間出生数は、2023年より

84・4％少ない11万3000人だ。中心的な勤労世代である20～39歳は925万4000人で2023年の同年齢層の実績値2441万7000人より62・1％も少ない。人手不足どころの話ではないだろう。この世代の減少は、日本社会から勢いを奪うことになる。遊びや新しいカルチャー、イノベーションが起きづらくなるということだ。

企業の採用にも多大な影響を及ぼす。18～22歳で新卒就職する人が多いが、2063年の20歳人口は28万7000人でしかなく、2023年の111万1000人と比べて74・2％も少ない。現在の4分の3しかいない日本人学生から採用しなければならないとなると、大企業や人気職種であっても「求めるレベルの人材」を採用できないところが増えるだろう。警察や自衛隊など外国人人材の採用が難しい政府機関もあるが、組織の維持すら難しくなる部門も出てきそうだ。

「2023年生まれ」が65歳となる2088年になると、勤労世代である20～64歳人口は1340万2000人にまで減る。2023年は6587万3000人なので79・7％も少ない。社会を維持することすら難しくなるだろう。

先に、甘すぎる社人研の推計を基にして外国人が総人口に占める割合の見通しを示したが、現実には2088年に達するはるか前に、勤労世代の相当数が外国人という社会になる。出生数が激減すれば、それだけ若い世代において日本人の減り方が速くなり、外国人が存在感を増すようになるということだ。

政府や経済界は外国人に依存する社会への転換を進めようとしているが、日本人の勤労世代が現在の2割程度となれば社会の中心は外国人が圧倒的シェアを占めることとなる。日本人がマイノリティーとなれば、公用語は日本語だけでなくなる可能性が大きくなる。日本語しか話せない日本人高齢者が店舗などで外国人店員とのコミュニケーションに苦労する場面も出てきそうだ。

マイナス4・54%が続く世界は、「激変」などというレベルでは語れないほどの変わり方をする。社人研の「出生低位・死亡高位推計」であっても、程度の差こそあれ似たような状況だ。多くの企業や地方自治体は自らの生き残りをかけて右往左往しているが、もはや1つの団体・組織で解決するような問題ではない。日本という国家が消滅するかどうかの瀬戸際に立たされているのだ。小手先の人口減少対策では意味をなさないことがお分かりいただけただろうか。

「戦略的縮小」は敗北主義ではない

政治家や経済界の幹部などには「縮小を前提として思考するのは敗北主義」と語る人が少なくない。「希望を語らなければ、人々はついてこない」という考え方だ。「人口減少を止める」といった公約を平然と掲げる政治家もいまだ少なくない。そして、叶いもしない夢物語が延々と語られていく。意気込みは買いたいが、認識違いも甚《はなは》だしい。そろそろこうした思考回路と決別しなければ間に合わなくなる。

認識違いは、政治家だけではない。人口減少の影響が顕在化してきたこともあって最近は「にわか専門家」が増えたが、「子育て支援策を強化しろ」とか「東京一極集中の是正だ」といった対策を語る人が少なくない。間違ってはいないが、時間的に間に合わない。

もちろん、結婚や子どもを持ちたいという希望を叶えられない人々への支援は重要だ。出生数の減少ペースを少しでも遅くすることは極めて大きな意味がある。出生数が回復しない限り、人口減少は止められないからだ。

だが、それは超長期的に取り組む政策である。仮に、少子化対策の効果が表れて日本社会の縮小が落ち着くことがあったとしても、それは何百年も先のことだ。それまでの間、日本はかなり小さな国となる。急速な縮小に耐え得るよう、まず手を施さなくては少子化対策どころでなくなる。超長期の政策と、いま取り組むべき政策を分けて考える必要がある。

一見すると正しそうな意見に引っ張られ、甘い推計をベースとした周回遅れの議論を続けていても何も進まない。

すでに危機的状況に置かれてしまっている日本においていますべきことは、政治家の意気込みや周回遅れの意見に惑わされないよう現実を直視し、ファクトに基づいた対策を着実に遂行していくことである。われわれは、すでに社会が縮小しても豊かになる方策を成功させるべく、果敢に挑まなければならない段階にある。

私が唱えてきた「戦略的に縮む」という成長モデルは敗北主義とは異なる。これまでどの国でも試されたことのないアグレッシブなチャレンジだ。追い込まれた日本はそれに勝利するしかないのである。

第2部では、すでに始まった日本崩壊の実例を取り上げ、その背景にある人口減少の影響やズレた対策の実情を浮き彫りにする。

第2部

見えてきた日本崩壊の予兆

身の回りで表れ始めた「小さな変化」

第1部で述べてきたように、日本の人口減少は政府の想定よりかなり速く進みそうである。その影響は、すでにわれわれの身の回りで「小さな変化」として表れ始めている。それは日本崩壊のプロセスの序章でもある。予兆やシグナルを見逃してはならない。

最近、多くの人が人口減少の影響として認識するようになったのが人手不足であろう。至るところで支障が出始めている。この数年の出生数の減少ペースの加速を考えれば、20年後は相当酷い状況となることが予想される。縁の下の力持ちとして社会を支えている職種で業務が回らなくなれば、国民生活は大混乱となる。

社会保障も人口の影響を最も受けやすい分野だ。従来も「改革」の名のもとにサービスの縮小や負担増が重ねられてきたが、最近はかなり〝無理筋〟と思える政策が目立つ。セーフティーネットとして機能が著しく損なわれるのではないかとの懸念も出てきている。

「為替は国力を映す鏡」とも言われるが、長引く円安がじわじわと日本を貧しくしている。昨今の歴史的円安も直接的な要因はさまざまあるが、人口減少の影響が遠因の1つとなっていることは否定できまい。

投資マネーは通貨価値が不安定な国から逃げがちだ。日本が「投資する魅力のある国」でなくなれば、円の信認低下につながるリスクは高まる。現時点における円安が〝日本売り〟を意味しているわけではないにしても、日本の国内市場はこれから縮小の一途である。

日本企業が人口減少に対応し得る変革をできなければ、日本経済は勢いを失い、「国際収支の発展段階説」の最終フェーズである「債権取り崩し国」へと急速に移行することになりかねない。貿易収支の赤字が一層拡大し、所得収支の黒字をしても埋めきれず経常収支も赤字に転落してしまう。そうなれば対外資産を取り崩して対応するしかなくなる。

日本崩壊の予兆やシグナルは政府や地方自治体の政策の中にも見られる。人口減少の実像に対する理解不足から後手に回り、かえって状況を悪化させてしまっているケースもある。われわれは随所に見つかる「日本崩壊」の予兆やシグナルから、その先に広がる「未来」を正しく見通し、対策に結びつけなければならない。

そこで、第2部においては最近話題のさまざまなトピックスに内在する日本崩壊の予兆やシグナルを浮き彫りにし、人口減少問題の本質を明らかにする。

「線路」を残して「住民」消える

――赤字ローカル線〝延命策〟の末路

過疎《かそ》化が進む地方では、ローカル線の利用者が減って赤字が深刻化しているが、これは日本崩壊を警告するシグナルの典型だといえよう。

国土交通省によれば、2000年度から2023年度にかけて46路線（1194キロ）が廃止された。かつて廃線の目安とされた輸送密度4000人未満の路線は1987年度の36％から2020年度には57％に膨らんでいる（JR旅客6社）。2020年度は地域鉄道の98％が赤字である。ローカル線は各社にとって年々重荷となってきているのだ。

2022年にJR西日本とJR東日本が、それぞれ区間ごとの赤字額を初めて公表したが、JR西日本は17路線30区間で248億円（2017～2019年度の平均）の赤字、JR東日本は35路線66区間で693億円（2019年度）の赤字だった。

JR旅客6社における輸送密度ごとの路線割合

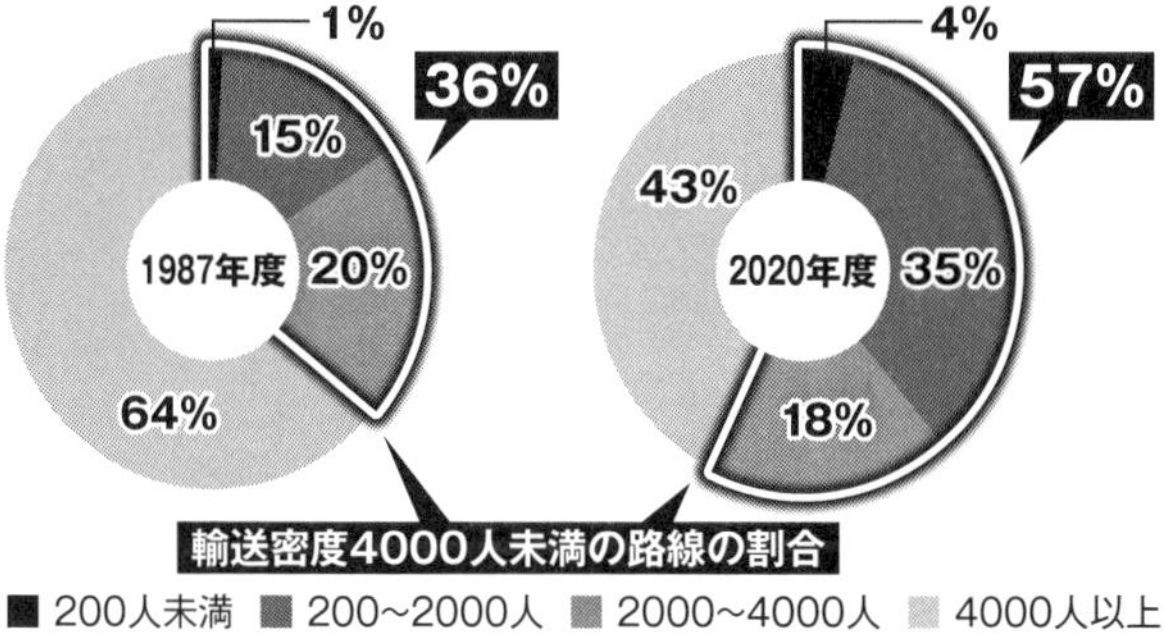

出所：国土交通省資料 ※1987年度は特定地方交通線を除く

ＪＲ東日本の場合、赤字が最大だったのは羽越《うえつ》本線の村上〜鶴岡駅間の49億９００万円だ。１００円の運賃収入を得るためにいくらの費用を要するかを示す「営業係数」において最も採算が悪かったのは、１万５５４６円かかる久留里《くるり》線久留里〜上総亀山《かずさかめやま》駅間だった。

政府も再編に向けて本腰を入れ始めたが……

鉄道会社が沿線地方自治体と協議の場を設置しようとしても、「利用促進以外の協議を行うつもりはない」などと廃止につながる協議を拒否する自治体が少なくない。そうした事態を重く受け止めた政府は、再編に向けて本腰を入れ始めた。地域公共交通の活性化及び再生に関する法律（地域交通法）を改正し、沿線自治体や鉄道事業者からの要請を受けて国が話し合いの場となる「再構築協議会」を設置できる制度を創設したのである。

地方の人口減少は加速しており、経営を鉄道会社任せにしていては、利便性と持続可能性が大きい地域公共交通として維持することは難しい。国が積極的に関与することで、利用が低迷する赤字路線の存廃をめぐる各地の議論を促そうということだ。

再構築協議会は、鉄道会社や沿線の地方自治体の要請を受けて国土交通相が設置する。3年以内を目安に路線バスなどへの転換や存続といった具体策を「再構築方針」として決定する。1キロメートルあたりの1日平均利用者数（輸送密度）が「1000人未満」の線区が対象だ。国交相が設置を決めれば、地方自治体も協議の場に出席しなければならない。

国交省は廃止ありきではなく、客観的なデータに基づいて鉄道としての必要性を検証し、存廃の両面から検討する方針を示している。対象路線の収支だけでなく、観光や住民生活などにもたらしている効果を考慮し、スクールバスなど地域の中にあるさまざまな交通手段の活用も含めてトータルでとらえる考えだ。

すでに広島、岡山両県の山間部を走るＪＲ芸備《げいび》線をめぐる再構築協議会が設置され、全国の先陣を切る形で議論がスタートした。だが、再構築協議会の設置が進んだとしても、廃線は一筋縄《ひとすじなわ》ではいかない。沿線自治体の反対の意思が相変わらず強いためだ。鉄道に対しては、高校生の通学や高齢者が医療機関に通う足になっているだけでなく、観光資源としての期待も大きい。廃線となれば「地域の衰退」が強く印象付けられるだけに、それをきっかけとした人口流出の加速を心配している面もある。

鉄道各社の〝経営努力〟も限界に

一方、JR各社はこれまで大都市圏や新幹線の利益を「内部補助」として回すという〝経営努力〟で、何とか赤字路線を維持してきた。しかしながら、沿線人口の減少は著しく、放置すればまさにジリ貧だ。運行本数が減るにつれてマイカーの利用者が増えるため、状況の改善は見通せない。

しかも、「内部補助」はここにきて綻《ほころ》びが見えてきている。新型コロナウイルス感染症が拡大した際には外出自粛やテレワークが進み、山手線など大都市圏の運賃収入や「ドル箱」だった新幹線の収益が落ち込んだ。コロナ禍が明けて外国人観光客などが増加し新幹線などの需要は戻ってきてはいるが、長期的には大都市圏でも人口が減っていくため、これらの運賃収入は縮小傾向が予想されているのだ。

政府が対策に本格的に乗り出した背景には、このままでは赤字路線の見直し論議は人口減少スピードについて行けず、ローカル線の負債が積み上がって鉄道各社の経営そのものが揺らぎかねないとの危機感もある。経済合理性が優先されて、今後は「廃線やむなし」との決断が相次ぐことになりそうだ。

こうした動きに対して、地方自治体や観光業界は警戒感を隠さない。このため、国交省はバスへの転換以外に、地方自治体などが鉄道事業者に代わって施設や車両を保有する「上下分離方式」や「貨客混載」なども選択肢として掲げている。

どうしても鉄道を残したい沿線の地方自治体などは「上下分離方式」に飛びつきがちだが、これは有効な解決策だとは言えない。人口減少による利用者不足が、最大の赤字要因なのである。税金を投入し無理やり鉄道を存続させても乗客数が回復する展望が開けるわけではなく、先細りであることには変わりないからだ。マイカー利用者を鉄道利用へと行動変容させるには、マイカーと遜色《そんしょく》ない利便性が求められる。1日に数本しか走らない運行ダイヤのままでは、一時的な延命策に終わるだろう。

赤字ローカル線は「地域」の問題

それは路線バスへの転換でも同じことが言える。鉄道か路線バスかにかかわらず、商圏人口が必要数を下回れば公共交通機関は存続し得ないのである（路線バスについては後ほど詳述する）。

地方に行くほど商圏人口が減るスピードは速い。総務省の「過疎地域等における集落の状況に関する現況把握調査最終報告」（2019年度）によれば、2015年度の前回調査と比べ集落数は0・6％（349集落）減った。人口にすると6・9％（72万5590人）減だ。139集落は無人化した。

住民の過半数が65歳以上という集落は22・1％から32・2％へと増加しており、2744集落はいずれ消滅するとみられている。

この数字が示しているのは、ローカル鉄道の赤字問題の本質は、単に鉄道需要（乗客）が減ったということではなく、沿線の人口が少なくなって民間事業として成り立ち得なくなってきているということだ。

地域自体が〝消滅〟しようとしているのである。こうした現実を無視して鉄道を残したとしても、食料品店をはじめとする店舗やサービス、医療機関などが廃業・撤退してしまったならば、結局は沿線住民の暮らしは続かなくなる。「『線路』は残って『住民』は消えた」という結果となりかねないということだ。地域公共交通の全体像を描くには、人口が減っていく中で「地域」として残せるのかという点がまずもって問われる。

一方、「赤字ならば廃止するという日本の考え方は世界の非常識だ。道路のように公共インフラとして位置づけるべきである」という意見もある。だが、人口減少社会では乗客だけでなく税収も落ち込む。採算を度外視し、税金を投入し続けて、公共インフラにふさわしい運行本数を維持するというのは現実的ではない。

人手不足でどの鉄道会社も運転手や保線作業員の確保が難しくなっていく。限られた人的リソースを有効に活用することができなくなれば、本来ならば存廃の検討対象とならないはずの区間まで列車を走らせられなくなる可能性が出てくる。人口減少社会は部分最適でなく全体最適で捉える必要がある。

路線バス廃止で各地が〝陸の孤島〟へ
――地価下落、高齢者は足止め

鉄道と並び、地域の足として最も身近な存在である路線バスも廃止や減便が広がっている。これも、日本崩壊の始まりを端的に示している。

路線バスの縮小はいまに始まった話ではない。国土交通省の資料によれば、2008年度から2022年度までに2万733キロが廃止となった。

これまでは過疎エリアが中心で、人口減少やマイカーの普及に伴って利用者が減り、慢性的な赤字に陥《おちい》って持続できなくなるというのが主たる理由だったが、近年は事情が変わってきた。東京23区を含む大都市圏でも路線の廃止や減便、始発時刻の繰り下げ、終バス時刻の繰り上げが目立つ。

大阪府富田林《とんだばやし》市などで運行する金剛《こんごう》自動車に至っては、2023年12月20日をもって路線バス事業そのものを廃止した。一部は他の事業者に引き継がれたが、大都市の近郊でもバスが事業として成り立たなくなってきている。

なぜバス運転手は不足するのか

大都市圏も含めて路線バス事業が行き詰まりを見せ始めた背景には、深刻な運転手不足がある。

厚生労働省によれば、2022年9月時点のバス運転手の有効求人倍率は2・06で、全職業平均の1・20と比べると2倍近い。東京都内で運行するバス会社であっても、思うように新規採用ができなくなっているのである。金剛自動車がバス事業からの撤退を決めたのも運転手を確保できる見込みが立たないことが主要因である。

なぜバス運転手は不足するのか。最大の理由は少子高齢化で若い世代が減り、なり手が少なくなったためだ。バス運転手だけでなく多くの産業・業種で人手不足が顕在化しているが、そうした中でもバス運転手の不足が深刻化したのは労働時間が長く、所得が低いためだ。

国土交通省の資料によれば2022年の月の労働時間（所定内実労働時間数および超過実労働時間数）は193時間（全産業平均177時間）、年間所得額は399万円（同497万円）だ。人手不足の慢性化は、各運転手に過重労働としてしわ寄せが行く。それが理由で辞める人も少なくない。

人手不足なのに賃金が低いのは、バス事業におけるコストの大部分が人件費であるためだ。運転手の待遇改善をしようにも赤字経営続きではままならない。加えてコロナ禍で企業の体力がかなり消耗した。最近はガソリン代などの燃料価格高騰《こうとう》が追い打ちをかけている。日本バス協会によれば、2020年度から2022年度の3年で全国の路線バスの赤字は4000億円にのぼっている。

2030年代には現行の半数以下に?

長時間労働で所得が少ないとなれば、若い人から敬遠されて平均年齢は高くなる。国交省の調査では、バス運転手の平均年齢（2022年）は53・4歳で、全産業の43・7歳とは10歳ほどの差がある。日本バス協会の資料によれば、全バス運転手に占める60歳以上の割合は23・3％（2022年7月末時点）となっている。

人手不足に輪をかけたのが、「2024年問題」である。働き方改革の一環として2024年4月から自動車運転業務にも時間外労働に規制がかけられた。

大型二種免許が必要なバス運転手の育成は簡単ではない。警察庁の資料によると2022年の免許保有者は80万2143人で、2006年の113万4485人の4分の3でしかない。

2022年の大型二種免許保有者を年齢別に見ると、39歳以下は3万5757人でわずか4・4％ほどである。これに対して60代は19万7391人、70代以上は27万4479人で、両者で全体の58・8％を占める。近年の出生数の急落を踏まえれば39歳以下の保有者が劇的に改善することは考えにくい。

仮に、現在60代以上の運転手の大半が70代半ばまでに引退したとするならば、2030年代半ばには現行の半数以下となる。大型二種免許保有者がすべてバス運転手というわけではなく、日本バス協会は2030年にはバス運転手が9万3000人しか確保できず、路線維持に必要な12万9000人に対して3万6000人不足すると試算している。

バス運転手数は2030年に3.6万人不足

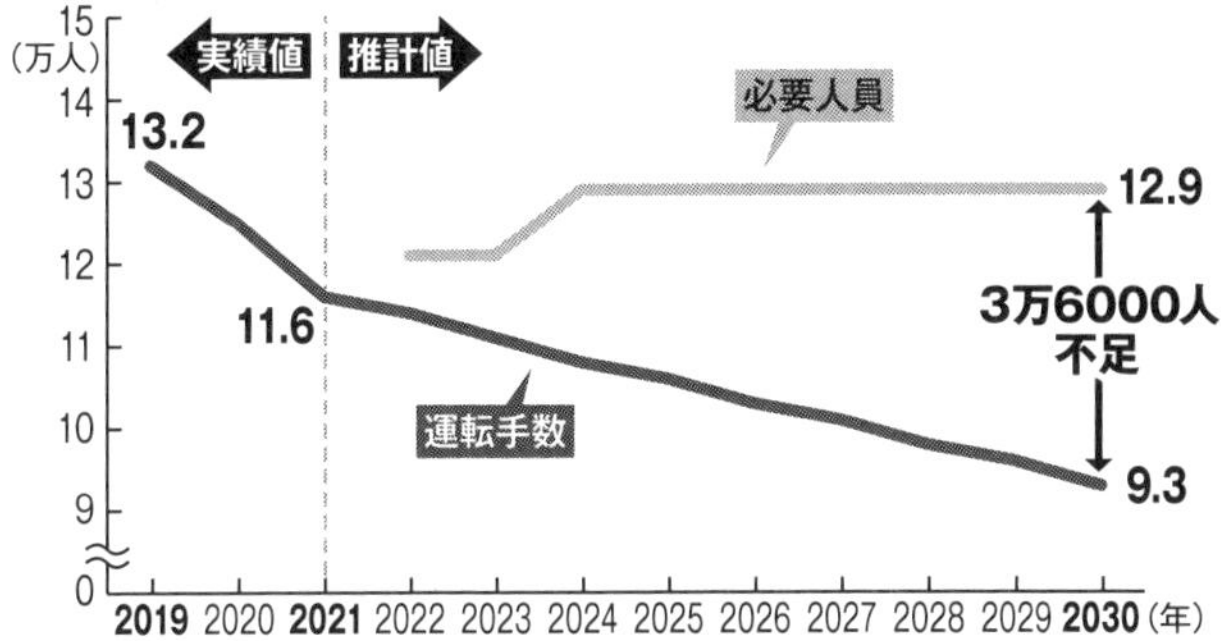

出所：日本バス協会

公共交通機関が止まると「外出率」も低下

路線バスの廃止・減便が社会に及ぼす影響というと「買い物難民」や「通院難民」に目が向きがちだが、そんな単純な話ではない。

住民に一番身近な路線バスというのは、人間にたとえるならば血液を隅々にまで行き渡らせる「毛細血管」だ。血が通わなくなれば壊死《えし》が始まる。路線バスは鉄道や飛行機とも密接に結びつき一体的な交通網を築いているので、いずれ日本全体の動脈が壊れていくこととなる。ただでさえ人口が減少していくというのに、人々の動きが滞《とどこお》るようになれば日本経済にとって致命傷となりかねない。

例えば、鉄道だ。駅の利用者の多くは、路線バスに乗り継いで自宅などへ向かう。もしバスの便数が減ったり、廃止になったりすれば鉄道利用者まで減少する。公共交通機関が細ったエリアはやがて地価が下がり、宅地開発計画も見直しを迫られよう。鉄道の沿線価値も毀損《きそん》することとなる。

東京都市圏交通計画協議会が、交通利便性が損なわれたならば人々が外出を控えるようになるとの分析結果を紹介している。とりわけ高齢者が影響を受けやすい。65歳以上の場合、公共交通が便利なところの外出率は67・1％だが、不便なところでは60・2％である。不便なところでマイカーなども使えないとなると39・6％にまで落ち込む。

今後増える高齢者の6割は東京圏と推計されている。75歳以上の激増が予測される東京圏の郊外でバス路線が廃止・大幅減便となり外出率が下落したならば、東京圏の鉄道各社の経営に大きな打撃となる。バス運賃だけでなく鉄道も値上げせざるを得ない方向へと進むだろう。年金生活の高齢者の外出率をさらに下げることとなる。人口減少社会とは大都市の郊外も含めて全国各地に〝陸の孤島〟が広がる社会ということである。

路線バスの縮小は、赤字ローカル鉄道の廃止スケジュールにも影響を及ぼす。鉄道会社と沿線自治体、観光業者などが国の関与のもとで話し合う「再構築協議会」制度がスタートしたが、鉄道を廃止した後の代替輸送の最有力手段として考えられてきたのが路線バスだからだ。バスに転換しても「同じ結論」となれば、赤字ローカル鉄道の廃線に向けた話し合いは暗礁《あんしょう》に乗り上げかねない。

そうなれば、大都市圏の住民も無関係とは行かなくなる。JR各社のローカル鉄道の赤字分は、新幹線や大都市圏を走る通勤電車などの利益で補充されているためだ。大都市の通勤電車運賃のさらなる値上げにつながりかねない。

税金投入で維持できる時代は終わった

バス運転手の不足に対してはさまざまな対策が始まっているが、いずれも決め手に欠く。政府内では外国人の活用を検討しているが、日本のような左側通行の国ばかりではない。慣れるには時間がかかるだろう。バス運転手は乗客対応も必要で、言葉の壁も問題となる。

東京23区などでは、利用者の事前予約に基づいて運行やルートやダイヤを決める「デマンド交通」の導入に向けた動きが広がっている。路線バスが通れないような狭い道を走行するため、車種はタクシーやワゴン車を使用するのが一般的だが、これでは路線バスのように大量に人を運べず、運賃を少し高めに設定したとしても黒字化は難しい。このため実験段階で断念するケースが少なくない。

東京都は西新宿エリアで期間限定で自動運転バスの試行運転を行った。岐阜市も2023年11月25日から岐阜駅から市役所までのルートなど中心市街地で自動運転バスの5年間の継続運行を始めたが、自動運転も問題の根本解決にはならない。

そもそも、人が運転するバスと遜色ない存在となるには、まだ乗り越えなければならない技術的課題がたくさん残っている。仮に自動運転の技術が短期間で飛躍的に向上することがあったとしても、過疎化が急加速で進行する地域にまで普及させるには膨大な予算とマンパワーを要する。路線バスが縮小に追い込まれている根本原因は人口減少による利用者不足であり、運転手不足は二次的な理由だ。自動運転のバスを走らせるのには新規のバス購入に加え、システムのメンテナンス費用もかかる。これらを誰が負担するのか。

目先の対策として、地方自治体の中にはバス会社への補助金額を増やしたり、自前でコミュニティーバスの運行を始めたりするところが少なくないが、利用者数が長期的に減少していくことを考えると、こうした手法もずっと続けられるわけではない。税金投入で公共交通網を何とか維持してきた時代は終わった。

もはや「毛細血管」である路線バスをすべて残すことは難しい。政策を講じるにしても、メリハリをつけるしかないだろう。

人口が激減していく社会において路線バスをどこまで走らせればよいのか、取捨選択をしていかなければならない段階に入ってきた。例えば、人口が激減するエリアでは、人々が住んでいるところにバスを走らせるのではなく、残すと決めたバス路線沿いに住民のほうが集まり住むようにするといった、「180度の発想の転換」が必要となりそうだ。

地方空港は開店休業？

――パイロット不足で飛行機が飛ばなくなる日

コロナ禍で青息吐息だった、航空各社の業績が回復している。

国土交通省によれば、２０２２年度の国内線航空旅客数は９０６６万人で、コロナ禍前の２０１９年度の89％まで回復した。回復が鈍い国際線も前年度比８・５倍増の３０４７万人だ。２０２３年はさらに伸び、速報値によれば国内線の旅客数は１億人を超えた。

政府は「２０３０年の訪日外国人旅行者６０００万人」を目標としており、インバウンド需要を取り込みやすい航空業界の成長に期待しているが、成長どころか飛行機を思うように飛ばせなくなる日が来るかもしれない。パイロット不足が深刻化しているためだ。これも日本崩壊につながる最初の変化の１つだと言えよう。

旅客機パイロットは即座に穴埋めできない

国交省の調べでは、主要航空会社のパイロット数は２０２３年1月1日現在７０９１人（機長４２３５人、副操縦士２８５６人）だが、年齢構成が50歳以上に偏っているのだ。今後15年ほどで各航空会社の操縦士としての上限年齢に達する人が多い。パイロットが大量引退する「航空業界２０３０年問題」である。ＬＣＣ（格安航空会社）は機長の約４分の1を60代が占めており、とりわけ厳しい。国交省は新規パイロット需要を２０３０年に４００～７０００人と予想しているが、２０２１年の供給実績は２６５人である。かなり高いハードルだ。

パイロットの育成には時間がかかる。機体の大きさや種類、用途に応じたライセンスの取得が求められ、旅客機の運航には定期運送用操縦士のライセンスが必要だ。さらに、旅客機パイロットとして働くには国土交通大臣による航空従事者技能証明も受けなければならない。航空会社に入社してから所定の訓練を重ね、20代後半から副操縦士として飛行訓練を積んだ上で30代後半から40代前半にかけて機長に昇格するというのが標準的なコースである。定年退職者が大量に出るからと言って即座に穴埋めできないのだ。

航空大学校は2018年以降の入学定員を72人から108人に引き上げたが、効果が出るまで時間を要する。このため、航空各社は外国人の採用に力を入れているが、航空需要は世界的に伸びており、こちらも簡単ではない。外国人の場合には流動性が激しく、採用しても定着するとは限らない。自前でパイロット養成を行う航空会社もあるが、経営状況によって実績にバラつきがあるのが実情だ。

航空整備士も「50歳以上が約4割」

航空整備士も高年齢化が進んでおり、深刻な人手不足が懸念されている。

国交省によれば、主要航空会社と整備会社を合わせた整備士の年齢構成は50歳以上が約4割を占め、整備士資格を持つ約8500人のうち約2000人が今後10年ほどで退職する見込みだという。

整備は運航の安全を支える重要な業務であり、航空機の着陸から離陸までの間に行う「ライン整備」と、航空機を格納庫に入れて客室内の座席仕様の変更やエンジン交換など詳細な点検などを行う「ドック整備」に大別される。これらの業務を担うにはそれぞれの作業に応じたライセンスを取得して航空各社の社内教育訓練を十分に受ける必要がある。パイロットと同じく一朝一夕には養成できない。

ライン整備に携《たずさ》わる人材のやり繰りがつかなくなれば、航空機の発着時間の遅れにつながる。すでに一部の空港では、整備士不足が原因で増便や新規就航への対応が即座にできなかったという事例が起きている。

「航空整備士離れ」も進んでいる。全国9校の航空専門学校（指定養成施設）は整備人材全体の6割強を供給しているが、コロナ禍前から入学者の減少が見られ、就職しても離職する人が増加している。

人手不足の背景にある待遇問題

人手不足は、空港業務に携わる職種にも及んでいる。

例えば、グランドハンドリング（グラハン）と呼ばれる職種だ。航空機の駐機場への誘導、燃料給油といった「ランプ業務」と、手荷物の預かりや仕分けなど「旅客ターミナル業務」、荷物を航空機に搬送し貨物室への積み下ろしを行う「貨物ターミナル業務」と多様だが、グラハン主要61社に対する国交省の調査によれば、ランプハンドリング従業員は2019年3月末の約1万2200人から、2023年4月には1割ほど少ない約1万1000人となった。旅客ハンドリング従業員も1万4100人から1万1500人へと2割ほど減った。

ランプハンドリングの57・5%、旅客ハンドリングの84・0%は30代以下となっている。従業員は若い世代が多数を占め、女性も多いが、近年は志望者が少なくなっている。背景にあるのは待遇の低さだ。平均年収（2023年4月）は約357万円（平均年齢35・6歳、うち半数近くは20代以下）である。

運航本数によって仕事量が変化することや、休憩室が屋外に設置されていたり、女性用の更衣室がなかったりといった労働環境の悪さもあってコロナ禍をきっかけとして別の仕事に転職した人が少なくなかった。

空港業務に関しては保安検査員の不足も進んでいる。保安検査業務を行っている20社で見ると2020年4月は約7400人だったが、2023年4月には約5700人と2割強減った。すべてのレーンを稼働させることができず、空港が混雑する風景が珍しくなくなったのも、こうした理由からだ。

航空管制官も2006年以降減少傾向に転じ、2005年には4985人だった航空管制官等定員数は、2023年は4134人に減った。

一方、取扱機数はコロナ禍期を例外として増えている。このため1人あたりの業務負担量も拡大する見通しで、航空管制処理能力のオーバーキャパシティがかねて懸念されてきた。2024年1月に起きた羽田空港の航空機衝突事故については「1分間に1・5本の航空機が離着陸するとされる羽田空港の過密さが遠因」との見方もあるが、この事故の後も多くの空港で航空機同士の接触や大事故につながりそうなトラブルが起きている。

いまの航空業界はパイロット、整備士、空港業務従業員のすべてが不足する「三重苦」にあるということだ。こうした綱渡り状況に対し、各企業はデジタル化や機械による省力化などを推進しているが、人が担わざるを得ない業務は少なくない。政府も資格要件の緩和や試験の簡素化に取り組んでいるが、「多くの人命を預かる仕事」であることを考えれば限度がある。

このため国交省は新たな有識者検討会を立ち上げて解決策の検討に乗り出したが、切り札となるような根本的打開策を見出すことは容易ではない。

減便→収益悪化→地方疲弊という悪循環

このままパイロットが大量退職を始める2030年を迎えたならば、縮小や撤退をせざるを得ない路線が出てくるだろう。鉄道や路線バスにおいて減便や廃止の動きが広がっているが、航空会社も営利企業である以上、事情は変わらない。

経営の合理性から判断すれば、国内線、国際線とも大きな利益を期待できる路線を優先し、利用者の少ない便から縮小が始まることだろう。グラハン事業者には地元企業が少なくなく、若い世代が少ない地方都市ほど従業員確保が難しくなるためだ。そうでなくとも人口が激減する地方は航空需要そのものが減り、減便や廃止の対象になりやすい。今後は、1週間に数往復しか旅客機が飛ばない「開店休業」状態の地方空港が珍しくなくなるかもしれない。

離着陸する便数が減れば、県庁所在地などと結ぶバスやタクシーの乗客数も減り、空港施設内の売店も売り上げが落ち込む。こうした事業を営む会社にとっても打撃だ。結果として空港から県庁所在地などへのアクセスが悪くなれば、利用者にとって使い勝手の悪い空港ということになり、さらに便数が減るという悪循環に陥っていく。

空路の減廃便で大都市圏と簡単に交流できなくなれば、観光や地場産業が打撃を受け、地域経済は疲弊《ひへい》する。人口減少にも拍車がかかることとなろう。

もちろん、人手不足の影響は地方空港や利用客が少ない航空路線の減便や廃止だけで終わらない。航空各職種の人材の不足が出生数減という構造的な問題に根差している以上、将来的には収益性の高い航空路線まで運航便数を減らさざるを得なくなっていくことだろう。縮小日本においてはいつまでも飛行機が当たり前のように飛び続けるわけではないということだ。

一方、海外都市を含めて遠く離れた場所と場所を短時間でつなぐ航空路線は、人口が減りゆく日本が成長を続けていく上で不可欠である。少なくなる航空人材をどこに投入するのが日本全体として最適解となるのかを考えなければならなくなってきた。

「空気」を運ぶトラック運転手の悲哀
――人手不足による「物流崩壊」のウラ事情

荷物の輸送が滞る「物流２０２４年問題」という言葉がすっかり定着したが、物流クライシスは日本崩壊の号砲となるかもしれない。

「物流２０２４年問題」とは、２０２４年4月からトラック運転手の時間外労働に９６０時間規制が課せられたことで発生する問題だ。人手不足に拍車がかかり、輸送力が不足して運賃の上昇だけでなく、これまでのようには荷物が届かなくなることが懸念されている。

これは、運送会社にとって死活問題である。時間外労働の規制強化によって1日に運べる荷物量は減る。運べる荷物が減ると運賃を上げざるを得ないが、荷主に対して立場が弱く十分な値上げができないという事情もある。

運送業は典型的な労働集約型産業だが、運送コストで最も大きいのは人件費である。運転手を増やすには処遇の改善が不可欠だと分かっていても、十分な収益を得られなければ、それもままならない。無理な賃上げは倒産リスクを高めるだけである。

価格転嫁率27・8%——立場が圧倒的に弱い運転手

実際に、2023年時点で運送会社の倒産が急増している。東京商工リサーチによれば2023年の道路貨物運送業の倒産は2014年以降最多となる328件（前年比32・2%増）にのぼったのだ。このうち、運転手などの人手不足関連の倒産が41件で前年比127・7%と大幅に増えた。

2023年の倒産件数が急増した主な要因は、運転手不足による機会損失に、人件費や燃料費の高騰が重なったことであるが、「物流2024年問題」を契機に業界の本格的な縮小が始まったということに他ならない。しかも、トラック運送業界の新陳代謝は著しく、倒産するところがある一方で新規参入も多いのだが、近年は新規参入事業者数の伸びが鈍化し、横ばい状態となっている。物流崩壊は多くの人が想定するより早く到来するかもしれない。

全日本トラック協会によればトラック運送事業者の9割が中小企業である。社会的要因でコストが膨らんだとしても、大口の荷主との価格転嫁交渉はしづらい。帝国データバンクが2024年2月に行った実態調査では、運輸・倉庫業は27・8%と価格転嫁率が低い。コスト上昇分のおよそ4分の3弱を運送会社側が負担しているということだ。

トラック運転手不足はいまに始まったことではない。年間所得額は全産業平均と比較して4~12%低く、労働時間が長い。若い世代や女性に不人気で、40歳未満は就業者数全体の24・9%(2023年時点)だ。50歳以上が49・8%を占めるいびつな年齢構成となっている。

トラック運転手が長時間労働となっているのは、荷主の都合を優先するからである。荷待ち時間や荷役作業など、運転時以外に拘束時間が長い。背景には事業者間の競争が激しく、荷主の立場が圧倒的に強いことがある。仕事を切られることを恐れて、利益率が低く面倒な発注でも引き受けるところが少なくない。

こうした関係が続いてきたことで、多くの荷主に輸送コストは可能な限り削りたいという意識が働きやすくなった。納品までのリードタイム(発注から納品までにかかる時間)

大型トラック運転手の労働は平均より月37時間長い

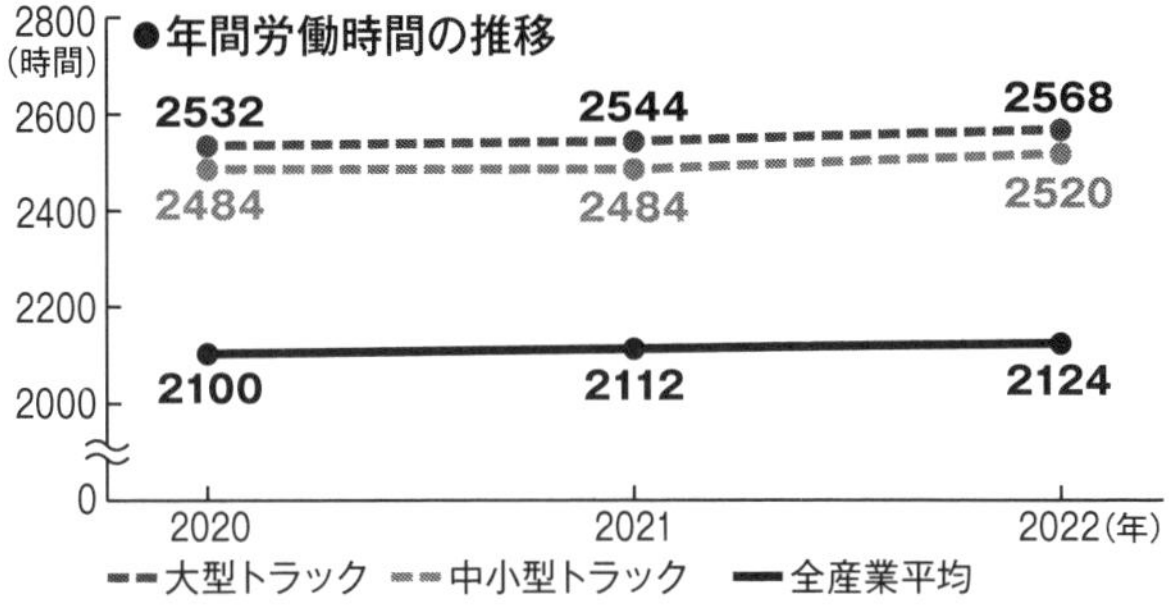

出所：厚生労働省「賃金構造基本統計調査」、
全日本トラック協会「日本のトラック輸送産業 現状と課題2023」

が短くなったり、配送時間を指定したりするなど荷主の依頼条件はだんだん厳しくなっている。運送会社は同じ方面の荷物をまとめて運ぶといった効率的な配送計画を立てづらくなり、経営的なダメージは小さくない。

運転手の健康維持策が逆にリスクを高めている

「物流２０２４年問題」は運転手にとっても複雑な問題である。運転手の健康を守るのが目的ではあるが、走行距離を勘案して賃金が決まる職場では収入が目減りする。諸物価の値上がりにより各運送会社の経営状況は悪化しており、運賃上昇分がそのまま従業員の待遇改善に反映されるわけではない。

時間外労働の時間が多少短くなったからといって

トラック運転手の業務の厳しさが変わるわけではなく、これまでのように稼げないとなれば他の職種に流れる人が出てくるとの予測もある。想定以上にトラック運転手が減ることになれば、倒産件数は一層増えることとなる。まさに〝負のスパイラル〟に巻き込まれる事態が目前に迫ってきているのだ。

少子化に伴いトラック運転手の人数は今後先細りしていく。一方で、消費者の高齢化が進むことで「買い物難民」が増え、宅配ニーズはむしろ拡大していくと見られている。

政府の試算では、このまま「物流2024年問題」への対策を行わなければ、営業用トラックの輸送能力は2024年に14・2%不足、2030年には34・1%不足すると予想されている。また、全日本トラック協会によれば、輸送量にして2024年は4・0億トン、2030年には9・4億トンの荷物を運べなくなるというが、倒産が増えていることを考え合わせると、状況はこれらの数字よりもっと深刻である可能性がある。

運転手不足が深刻化してきたことを受けて、政府は2023年に「物流革新緊急パッケージ」を対策としてまとめた。だが、働き方改革関連法の成立は2018年だ。運転手不足はこの時点で分かっていたことで、5年も経ってから「緊急」対策を打ち出すというのはあまりに遅い。しかも、盛り込まれた目玉政策は付け焼き刃の印象が強い。

「自動運転」では運送作業は終わらない

例えば、消費者の行動変容を促すための再配送の見直しだ。再配達率の半減に向けて自宅の玄関前などに荷物を置く「置き配」や、コンビニでの受け取りを選んだ消費者にポイントを付与する制度を導入。ただ、個人宅配には一定の効果はあっても、輸送の多数を占める企業間の取引には意味をなさない。

物流の効率化策として打ち出した鉄道や船舶（貨物船）に代替する「モーダルシフト」の推進は、大きな方向性としては間違ってはいない。だが、運送会社の過当競争を放置したままではうまく行かないだろう。しかも今後10年で船舶や鉄道による輸送量の倍増を目指すとしている。そんな長い時間をかけることのどこが「緊急対策」なのか。船員の不足も深刻だ。船の輸送力を増強するには港湾の規模や設備の拡充も必要となる。鉄道は自然災害に弱い。

そもそも、2024年に物流危機のピークを迎えるわけではない。人口減少に伴って事態は年々深刻さを増していく。「物流2024年問題」にとらわれて目先の対応ばかりをしていたのでは根本解決とはならない。

今後の運転手不足が出生数の減少によって引き起こされる以上、運転手が減ることを前提として考えざるを得ない。いま求められているのはその具体策だ。

機械化も1つの手段である。自動運転などに期待が高まっている。だが、運送業は自動運転のトラックを走らせるだけでは業務を完了できない。例えば、大きくて重い冷蔵庫の配送だ。ドローンでは無理だろう。トラックの荷台から人が降ろし、住宅内に入って備え付け、これまで顧客が使っていた冷蔵庫を回収するところまでが「運送」作業である。現行の自動運転のトラックやロボットではここまでの作業はできない。

6割のトラックが「空気を運んでいる」異常さ

外国人運転手を増やすことも検討されているが、右側通行の国の人々は慣れない「左側通行の日本」を避ける傾向にあるとされる。当て込むほど外国人運転手が来日しない可能性があるということだ。機械や外国人による代替には限界がある以上、運転手が減ることを織り込んで業界を土台部分から大胆に変えざるを得ないだろう。

まずは業界の下請け的な立場を改善し、運送会社の経営基盤を強化することだ。それには、「一刻も早く運ぶ」ことを優先する業界の慣行を見直す必要がある。

トラックがどれだけ荷物を積んで走っているかを示す「積載率」という指標があるが、国土交通省によれば2010〜2022年は40％以下の低水準が続いている。行きは満載でも、帰りは荷台が空のまま走るといったことは珍しくないためだ。運転手不足が問題となっているのに、6割のトラックが「空気を運んでいる」というのは異常であろう。

積載率を高められれば、必要となる運転手数はかなり圧縮できる。運送会社の収益も大きく改善するだろう。経営に余力ができれば人件費の底上げも図れる。

そのためには、6万3000社以上もある中小の運送会社が過当な競争を繰り返している現状を改善しなければならない。急ぐべきは、競争から協業へのシフトだ。

協業できる運送システムを構築できるか

M&Aで巨大な運送会社を設立するのも1つの方法だが、ハードルが高そうである。中小の運送会社が加盟する組合組織を立ち上げるほうが現実的だ。協業できる組合組織がデジタル技術を活用して運送システムを構築するのである。

組合は共同の配送センターを設け、どこに荷物を運び得るトラックがあるのか情報を一元的に集約する。センターは空で走る無駄が生じないよう効率的に各トラックに仕事を割り振っていくのだ。

組合は実質的に1つの会社を創設するイメージである。こうすれば中小の運送会社は下請け的な立場から脱し、少なくなる運転手の待遇を改善しながら、個々の業務量も減らすことが可能となる。

トラック企業の協業が進めば、政府の「物流革新緊急パッケージ」にあった「モーダルシフト」も機能しやすくなる。

JR東日本は「貨物新幹線」の実用化に向けて、実証実験を行った。こうした新しい動きも、各駅で待ち受けるトラック輸送がしっかりしていてこそ効果を増す。

社会基盤中の基盤である物流が破綻《はたん》したならば、日本そのものが崩壊する。社会が一丸となって物流崩壊を何とか食い止めなければならない。

本日も「空っぽの郵便ポスト」を確認中

――ユニバーサルサービス維持へ〝現場はつらいよ〟

日本崩壊の萌芽《ほうが》は暮らしに身近な公共サービスにも広がっている。郵便事業の苦境もその1つである。

「郵便離れ」が進む中、封書やはがき代が2024年10月から3割を超す値上げとなる。物価問題に関する関係閣僚会議が、25グラム以下の定形封書の郵便料金の上限を現行の84円から110円に引き上げる改定案を了承した。郵便の値上げは消費税増税時を除き1994年以来約30年ぶりである。

日本郵政は、はがきについても63円から85円へ値上げし、レターパックや速達などの料金も引き上げる。

政府が値上げを容認したのは、日本郵政の2022年度の郵便事業の営業損益が211

億円の赤字となったためだ。この数年、黒字幅が縮小していたが、赤字となったのは２００７年の民営化後、初めてである。２０２３年度も９１９億円の赤字となりそうだ。

値上げしても赤字拡大で「焼け石に水」

郵便事業が赤字となった最大の理由は手紙の需要の激減だ。インターネットやＳＮＳの普及で各種請求書のウェブ化が進んだり、各企業が販売促進のためのダイレクトメールの通信費を削減したりしたためだ。ピーク時の２００１年度には２６２億通あった内国郵便物数は、２０２２年度には45・０％減の１４４億通にまで落ち込んだ。年賀状の減少も著しい。通信サービスの多様化に、人口減少に伴う利用者減が拍車をかけた形だ。

一方、コスト削減しにくい経営環境に置かれていることも要因である。郵便物の集配を全国展開するには多くの人手を要するため、２０２３年度の営業費用のうち人件費が63・０％、集配運送委託費が11・４％である。郵便局の窓口営業費の約75％も人件費で構成されており、これらを含めたトータルの人件費は費用全体の約４分の３を占める。

日本郵便は区分作業の機械化や普通郵便の土曜日配達の休止など業務の効率化や簡素化

を進めてきたが、収支の改善は難しい。組織のスリム化に限界がある中で、社会の賃上げ機運は高まっており、2025年度以降の人件費はさらに膨らみそうだ。

配達用のバイクや車の燃料費の上昇をはじめ諸物価の高騰の影響もある。総務省の試算によれば、現行料金のまま据え置いた場合、郵便事業の赤字額は2025年度に2376億円、4年後の2028年度には3439億円にまで膨らむという。

だが、今回の値上げが郵便事業の経営改善に及ぼす効果は極めて限定的だと見られている。同省の試算では値上げにより2025年度こそ67億円の黒字となるが、2026年度には再び400億円の赤字に転落。2028年度には1232億円に達する。まさに焼け石に水である。

赤字ローカル線と同様の悪循環

焼け石に水の効果しかないことが分かっているのに値上げ幅を「1・3倍程度」にとどめるのは、国民生活への影響に対する配慮とともに、反動による利用者減を懸念した側面があるようだ。総務省は、1・3倍程度の値上げならば、2028年度の内国郵便物の値上げによる落ち込み分は2億7400万通程度で済むと予測している。

そうは言っても、現行の郵便料金に慣れてきた消費者にとっては値上げのインパクトは大きい。物価上昇が続く中で消費者の節約志向は進んでおり、「郵便離れ」に拍車がかかることは十分想定される。赤字が膨らむたびに値上げを繰り返したのでは、さらに利用者を失う。それでは赤字ローカル線に悩む鉄道会社と同じ経営課題を抱えることとなる。

十分に値上げできない現状に対し、日本郵便はコスト削減や業務の効率化、他企業との連携強化をはじめとする新たな収入源の開拓を急ぐ考えを示している。だが、局面を劇的に変えられるアイデアがあるわけではない。

他方、将来を考えると、値上げは問題の先送りと言わざるを得ない。経営の悪化要因は、「郵便離れ」や固定費の増加といった足下の問題だけではない。むしろ深刻なのは、人口減少による利用者減と高齢化という「ダブルの内需縮小」だ。問われているのは当座の赤字経営からの脱却ではなく、今後も事業として成り立ち得るかという点である。

問題を難しくしているのは、公益性が高い郵便事業は、ユニバーサルサービス（全国均一で安定的に利用できるサービス）が法律で義務付けられていることだ。日本郵政には、採算性を見込めない過疎地であっても均一のサービスを提供することが求められている。すべての商店が撤退・廃業した二次離島（本土との間を直接結ぶ公共交通手段がない島のこと）に郵便局だけは残っているケースが見られるのもこのためである。

ユニバーサルサービスの維持コストの拡大が、将来的に経営上の大きな重荷になってくることは総務省も日本郵便も分かっているはずだ。だが、これを見直して郵便サービスが届かなくなる地域を生じさせれば、そこの衰退は避けられず、地域住民の猛反発が予想される。パンドラの箱を開けるようなものなのである。

しかしながら、人口が激減する日本においてはユニバーサルサービスの維持は極めて困難である。人口は全国一律に減るわけではなく、減少が激しくなるほど地域偏在は拡大する。すなわち、郵便事業が採算割れする過疎エリアは拡大の一途ということだ。

人口減少がユニバーサルサービスの維持にもたらす悪影響はそれだけではない。少子化による人手不足が、最低限必要な郵便局員数の確保を困難にする。働き方改革に伴って運転手が不足する「物流2024年問題」がすでに深刻化しているが、業務委託を含め郵便物の配達要員はさらに足りなくなりそうだ。

郵便ポストの4分の1は投函量〝月に30通以下〟

ユニバーサルサービス維持の困難さは、郵便ポストの厳しい現状が証明している。

郵便事業ではポストを全国にあまねく設置する義務も課されており、日本郵便によれば2022年度末時点の設置本数は17万5145本だ。ところが、4分の1の郵便ポストは1か月あたりの投函量が30通以下なのである。全体の3・9％にあたる6793本は「月に0～1通」の投函しかない。一方、取集作業は原則ほぼ毎日実施することとなっており、月に0～1通といったほぼ利用されていないポストも含めて配達担当者が回っているのである。

いつポストに投函されるのか分からないのに、「その日」に備えて配達要員は確保しておかなければならないということだ。人口減少が進めば進むほど郵便局の維持コストが収益に見合わなくなっていく。ここに郵便事業を赤字にする本質的な問題がある。いくら仕事だとはいえ、「空《から》っぽのポスト」を確認して回るというのは、現場で働く人には切なさもあろう。

月の投函数0～1通のポストが約6800本

●郵便ポストの利用状況

総本数 17万5145本（2023年3月31日現在）

1か月あたり投函量でみたポスト数

0～1通／月 6793本	2～9通／月 1万2193本
10～19通／月 1万2946本	20～30通／月 1万2008本

30通以下 計4万3940本 25.1%

出所：日本郵便「郵便差出箱（郵便ポスト）の現状」（2023年）

改めて問われる「郵政民営化」の是非

経営の合理化に逆行するようなことを、利益を上げなければならない民間企業に求めること自体に無理がある。日本の人口減少は止めようがなく、このままならば民間企業として行うユニバーサルサービスはどこかの段階で破綻する。2018年に「郵政事業のユニバーサルサービスを安定的に確保するため」として交付金・拠出金制度が創設されたが、こうした動きが出てくること自体が将来的な行き詰まりの可能性を認めているようなものだ。

それでも日本郵便にユニバーサルサービスを求め続けるならば、郵便事業以外で多大な利益を上げられるようにするしかない。それができないのであれば、行政サービスとして国家の運営に完全に戻すのか、法律の改正を含めて人口減少時代に即した形とすべくユニバーサルサービスの定義を見直すかを迫られることになるだろう。

最近は、利用者全体で負担を分かち合うユニバーサルサービスの仕組みに対する不満の声も聞かれる。全国均一料金を維持することを優先して、コストが多くかかる遠隔地や過疎地への配達料金を抑え込んでいることへの不公平感だ。

SNSには「コストのかかる離島や山間地への郵便は、利用者に応分の料金負担を求めるべき」「人口が密集する大都市だけに限定したサービスを創設すれば、もっと値下げできるはずだ」といった意見も見られる。人口減少で人口の偏在が進めば、郵便事業に限らずこうした要望はさらに強くなるだろう。郵政民営化を決めた際にどこまで人口減少の影響を想定していたのか。民営化したことの是非が、いまさらではあるが改めて問われている。

総務省や日本郵便が本質的な問題の先送りを続けようにも、いずれはユニバーサルサービスのコストをどう賄《まかな》い、配達要員をどう確保し続けるのかという現実にぶち当たる。人口減少が、郵便局・郵便ポストの統廃合や地域別料金といったこれまで触れられてこなかった選択肢の検討を迫りつつある。

水道料金は平均5割アップへ
――「地方ほど生活費が高くつく」現実

生活に欠かせない水インフラにも、日本崩壊につながる影響が色濃くみられる。

全国で水道料金の大幅値上げの動きが目立つようになった。政令指定都市である岡山市は2024年度から段階的に2割もの引き上げを決めた。

岡山市水道局は施設が老朽化し更新費用がかさむことなどを理由に挙げ、値上げをしなければ2031年までに281億円の資金不足になると説明している。

水道料金を値上げしたり、値上げを予定したりしている水道事業体は少なくない。2022年1月に踏み切った福岡県飯塚市の場合、値上げ率は平均35%だ。

EY Japanと水の安全保障戦略機構事務局の「人口減少時代の水道料金はどうなるのか？（2024年版）」は、分析対象の96%にあたる1199事業体が2046年度までに値上げが必要になると推計している。平均値上げ率は48％で、全体の約６割となる７６２事業体では30％以上の値上げが必要になるという。

実額にすると、平均的な使用水量の場合、全国平均で２０２１年度の月額３３１７円が、２０４６年度には４８９５円になると推計されている。

なぜ、これほどまでの大幅値上げとなるのか。長年価格改定をしてこなかったツケが回り大幅増になったという事情のところもあるが、多くは施設・設備の更新費用の膨張が直接的要因である。

厚生労働省によれば、全管路延長（導水管や配水管をすべてつなげた総延長）約74万キロメートルのうち法定耐用年数（40年）を超えた管路は約17万キロメートルに及ぶ。その割合を示す管路経年化率は毎年上昇し続けて２０２１年度には22・1％となっている。２００６年度には６・０％だったので、急速に老朽化が進行しているということだ。

これに対し、更新率は低下傾向をたどってきた。近年は横ばいだが２０２１年度の更新実績は０・６４％に過ぎない。法定耐用年数を経過した管路延長が増加するスピードに、更新が追い付いていないのである。実務上の更新基準は平均すると概ね60年であり、今後

約6割の事業体で30%以上の料金値上げが必要

2046年度までに値上げが必要な事業体の割合

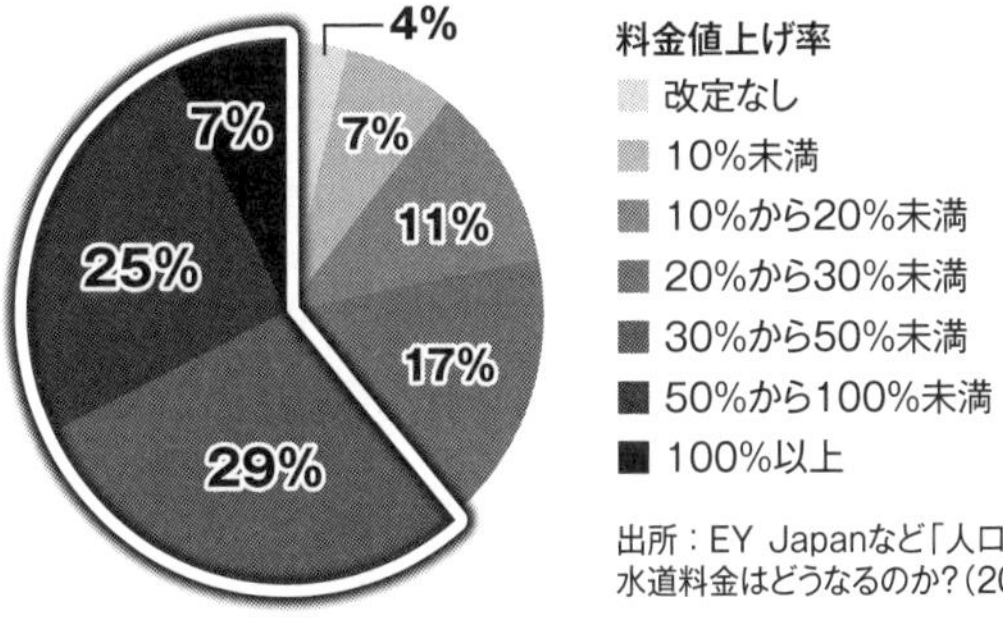

出所：EY Japanなど「人口減少時代の水道料金はどうなるのか？（2024年版）」

20年ほどで更新を完了しなければならない。「2046年度までに平均48%値上げが必要」との推計が登場する大きな理由はここにある。

老朽化、利用者数減……懸念材料が山積

このように値上げの直接要因は施設・設備の更新費用がかさむためだが、値上げ率の見通しがここまで大きな数字となる理由はそれだけではない。収入が減ることも要因だ。

収入はすでにかつてと比べて減っている。節水機器が発達・普及したことによって家庭での1人あたりの使用水量が少なくなったためだ。今後はこうした事情に加えて、人口減少による利用者数の減少が追い打ちをかける。高齢者の1人暮らしも増える見

通しで、1軒あたりの使用料も減っていく。幾重もの使用水量の縮減に見舞われる見通しなのだ。

総務省の資料によれば、料金徴収の対象水量である有収水量は1日あたり4100万立方メートルだった2000年をピークに減少しており、2050年には2700万立方メートルと、3分の2程度の水準にまで落ち込む見通しとなっている。

水道事業体の給水人口規模別にみると、小さい事業体ほど人口減少率が大きい。2010年と2040年を比較すると、給水人口が1万5000人未満の事業体は全国平均（16・1％）の2倍を超える減少率になると推計されている。

水道事業体の経営悪化に追い打ちをかけているのが、電気代の高騰だ。浄水場から送水するポンプを動かすのにかなりの電力を消費する。人件費や資材費の値上がりも重荷になってきている。

さらに懸念材料がある。水道事業の担い手である技術職員の不足だ。先述したように、施設の老朽化が著しく法定耐用年数超過管の割合は増加していくのに、それに対応する担い手は減るので追い付かない。老朽管から勢いよく漏れ出した水が高々と噴き上がる光景を時おり報道などで見かけるようになった。

「広域化」も容易ではない

このように水道事業体は複合的な要因で事業自体の持続可能性が懸念される苦境に陥っているが、長期的に見て影響が最も深刻なのは人口減少による利用者不足であろう。他の要因と異なり、永続的に続く。

今後は、給水人口や人口密度の低い事業体ほど料金の値上げ率は高くなりやすい。「人口減少時代の水道料金はどうなるのか？（2024年版）」は、全国の水道料金格差は2021年度の実績値8・0倍から、2046年度には20・4倍に広がる見通しとしている。北海道、中国、四国の料金値上がり率が大きく、50％の値上がりとなる事業体が4～5割程度となるというのだ。給水人口規模が小さくなるほど50％以上の高い率での値上げが求められると予想している。

マンションが林立する人口密集地とは違い、住居が点在する過疎地域では水道管の距離を長くせざるを得ない。それを維持管理するのに見合う収入が得づらいことが背景にある。

だからといって、広域化など規模を大きくすればよいということではない。

それ以前の問題として、都道府県単位化をすること自体のハードルが高いのだ。すでに水道事業体ごとに料金格差がついているため、水道料金が下がるところと上がるところに分かれる。料金が上がる事業体は利用者の合意を得るのは難しいだろう。

「すべて更新」は現実的なのか

人口減少が水道事業経営に及ぼす影響は、さまざまなことを示唆《しさ》している。水道に限ったことではなく、電気やガスなどすべて公共サービスに共通する課題であろう。利用者の先細りは長期にわたって経営体力を削《そ》いで行く。技術者不足は日常の保守点検作業すら困難にする。すでに送電線の点検をする作業員が足りず、綱渡り状態のエリアもある。人口が減少すると、停電した場合に復旧まで長時間を要することとなりそうだ。

独立行政法人「労働政策研究・研修機構」の「労働力需給の推計」(2023年度版)によれば、「電気・ガス・水道・熱供給」の就業者は経済成長が進み、労働参加が進展した場合でも2022年の31万人から2040年には8万人少ない23万人になるという。

人口が減って利用者が減れば多くの事業者は採算割れとならないよう利用者への上乗せ負担を求めるようになるが、水道事業の将来推計はまさにそのことを教えている。人口減少社会では、人口減少が著しい地域ほど生活費は高くつくようになるということだ。

これまでの人口減少対策といえば、各地における「不足」する部分に対して、どう穴埋めするのかという政策が中心だったが、こうした「現状」を前提とした発想や手法では長くは続かない。人口が激減してしまった未来を見通したとき、老朽化した水道管をすべて更新することが現実的なのかが問われているのだ。それはすべての公共サービスにも言えることである。

水道管を更新する一方で、例えば雨水を飲料水に変える装置を技術進歩させ、多くの世帯が手ごろな価格で利用できるようにするといった取り組みも必要になってくるだろう。いくつもの選択肢を組み合わせ、それぞれの地域の未来に適した対策を考えることが求められる。

全国各地で相次ぐ水道料金の大幅値上げから〝未来へのメッセージ〟を読み解かなければならない。

学び舎は遠くになりにけり

――小中学校統合後に「20キロ以上通学」の子が1割

出生数減少の影響が最も早く表れるのが学校だが、日本崩壊につながる芽が子どもたちの身の回りにも見られるようになってきた。

「大学倒産」が話題になって久しいが、私立大学を取り巻く環境は厳しくなってきた。日本私立学校振興・共済事業団によれば、2023年度の入学者数が定員割れした四年制の私立大学は調査対象600校の53・3％にあたる320校（前年度比37校増）だ。過半数となったのは、1989年度の調査開始以来初だ。29校は定員の50％に満たなかった。私立大学の定員全体に占める入学者数の割合である入学定員充足率も、過去最低の99・59％だ。100％を下回ったのは2021年度（99・81％）に次いで2回目である。

18歳人口が減少して志願者数は10万8659人も減っているのに、学部新設などによって入学定員はむしろ4696人増えているのだから当然だ。

入学定員充足率をみると小規模校の厳しさが浮き彫りになる。「100人未満」は70・76%でしかない。「100人以上200人未満」は87・53%、「200人以上300人未満」が87・39%などとなっている。

三大都市圏でも定員割れする小規模大学が出てきている。文部科学省は統廃合を促す構えだが簡単に進むわけではない。定員割れした大学のすべてが経営的苦境に立たされるわけではないからだ。学生募集を停止する大学は増えてきてはいるが、経営が困難な学校法人は2割にも満たず、定員割れ校の数と比べれば圧倒的に少ない。自力再生ができないほど追い込まれているところはごく一部にとどまっている。

私立大学の場合、運営母体は宗教法人などさまざまで、学生数が減っても存続を優先させるケースがある。若者の都会流出に悩む地方も地元大学への期待が大きく、地方自治体が率先して公立化を推進し存続させる事例が増えている。だが、18歳人口の減少スピードを考えれば、こうした手法には限界がある。

問題は、定員割れしている私立大学がすべて自前の収入で成り立っているわけではない点だ。国家予算は限られている。定員割れの大学への補助金を増やさざるを得なくなれば、国立大学を含む全大学の予算にしわ寄せがいく。出生数減に応じて大学数を絞ることは避けられまい。補助金による〝延命〟ではなく、むしろ「学生に選ばれる大学」に重点配分していかなければ、日本の競争力が失われていく。

「15歳人口」15年後に3割減——公立高校の統廃合も

入学者の確保に苦労しているのは高校も同じだ。公立高校の統廃合は東京都や大阪府、愛知県といった三大都市圏でも目立ってきている。

東京都教育委員会によると、2003年度末以降に閉校した都立高校は全日制課程だけでも36校に及ぶ。すべてが入学者減を理由に閉校したわけではなく、「新しいスタイルの学校」を目指して改組に踏み切った学校もあるが、将来的な15歳人口の減少を見越してのことだろう。

文部科学省の学校基本調査によれば、公立高校は1990年には4182校だったが、2023年は17・4％減の3455校だ。全国1741市区町村のうち、公立高校が1つ

15歳人口は〝激減〟か

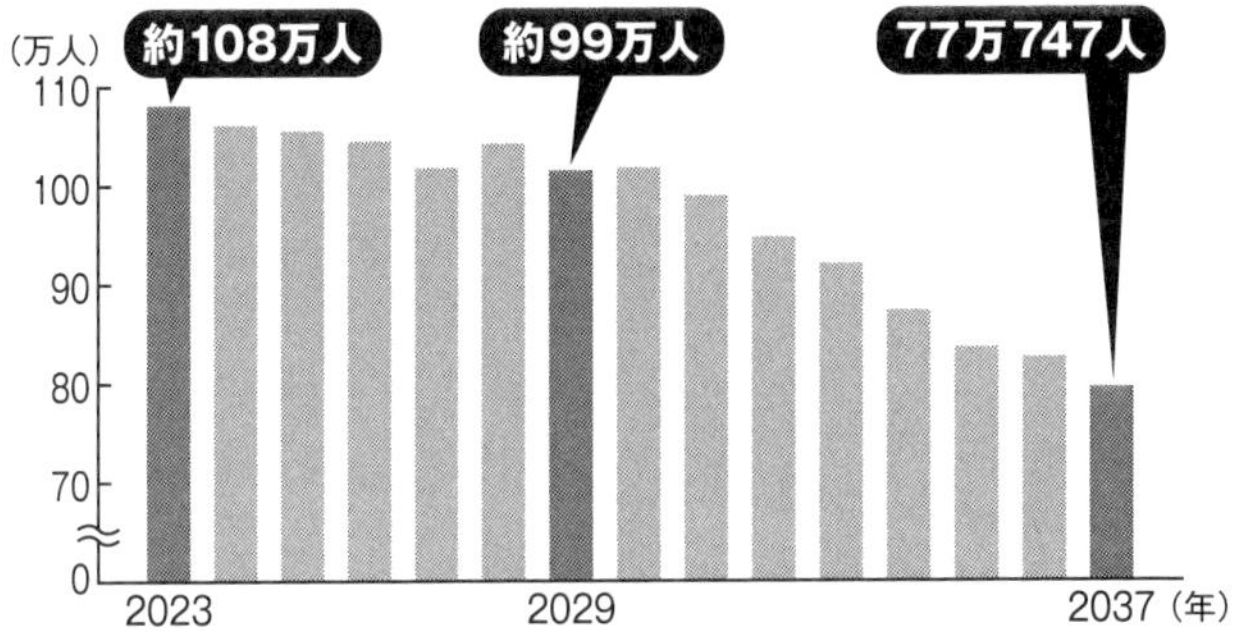

出所：文部科学省「高等学校教育の在り方ワーキンググループ」資料（2023年）

もない自治体は2023年5月1日時点で504（28・9％）にのぼる。「1校のみ」は640（36・8％）である。「ゼロもしくは1校」で計算すると、北海道は83・8％に及ぶ。山形県、長野県、熊本県も8割台だ。

三菱UFJリサーチ&コンサルティングのリポート「高校存続・統廃合が市町村に及ぼす影響の一考察〜市町村の人口動態からみた高校存続・統廃合のインパクト〜」（2019年）によると、1990年時点で公立高校が1校存在していた1197市町村のうち、245市町村で公立高校がなくなった。

統廃合の前段階として小規模化が起きる。文科省によれば1991年度時点では全体の0・6％に過ぎなかった3学級以下の高校が、2021年度には高校の総数が６０８校減ったにもかかわらず４・０％に膨らんだ。

小規模校はクラス替えがままならず、集団で行う部活動が選択できないといった弊害がある。１学年の生徒数が20人に満たない高校では教員数が削減されて教育の質が保てなくなることも懸念される。

通学可能なエリアに公立高校がなく、遠方の学校を選ぶ生徒が増えてきている。交通機関が脆弱《ぜいじゃく》な過疎地域では親戚宅などに「下宿」しての通学を迫られるケースもある。

公立高校の統廃合が進むのは出生数減の影響だが、文科省によれば２０１０年には約１２１万人を数えた15歳人口は年々減り続け、２０２３年には約１０８万人となった。２０２９年には１００万人を割り込み99万人になると見込んでいる。総務省の年齢別人口を見ると、日本人の15歳人口は２０２３年10月１日現在約１０７万６０００人だ。２０３８年に15歳となる０歳人口は約73万９０００人で31％ほど少ない。

統廃合は最終的な解決策ではない

出生数の急降下は入学試験に影響を与える。合格点を下げて入学定員を満たしている高校が増えているが、入学者の学力差が広がれば授業に影響する。

高校の統廃合は出生数の少ない地方で早く進む。公立高校は校舎などの老朽化が目立つが、建て替えには多額の予算を要するため、そのタイミングで統合や募集停止となりやすい。一方、地方税収の多い東京都や大阪府は高校授業料の無償化を拡充したように手厚い子育て支援策を展開しやすい。こうした〝自治体間格差〟が広がれば15歳人口はますます東京都や大阪府に集まり、隣接府県でも受験生不足が進むことになりそうだ。

公立高校で統廃合が進む現状に対し、専門家には「安易に進めるべきではない」といった否定的意見が少なくない。「地域と協働した特色ある学校づくりを図るべき」といった主張を踏まえ、生徒を確保すべく全国募集に踏み切ったり、特色ある学科や部活動の新設に活路を見出そうとしたりする試みも広がっている。だが、これは地方自治体の移住促進策と同じ発想だ。日本全体として出生数が激減するのに、他地域の生徒を奪い合っても長続きしない。自治体が〝消滅〟の危機にあるのだ。高校だけを残しても意味がない。

そもそも、統廃合は最終的な解決策ではない。ハイペースで15歳人口が減っていく以上、統廃合したとしても定員割れが解消するわけではない。

小中学校は10年で1割減

統廃合はもっと下の学年でも進んでいる。文科省によれば、小中学校が2013年度の3万620校から、2023年度は2万7764校へと10年で1割ほど減った。

生徒や児童の人数が少ないとクラス替えができず、人間関係が固定化するためだ。学校教育法施行規則は小学校の標準的な学級数を12〜18としているが、全体の約4割(8069校)は11学級以下となっており、各教育委員会は統廃合による規模の拡大を迫られているのだ。地方財政は厳しく、小規模校として残すのは教員の確保や校舎の維持管理を考えると非効率という自治体側の懐事情もある。

ただ、小中学校の統廃合は簡単ではない。まずは子どもへの影響が大きい。2019〜2021年の3年間に実施された小中学校の統合では、スクールバス通学が156件から325件へと増加した。「通学距離20キロ以上」の子どもがいる学校は、小学校で8%、中学校では14%である。自宅から離れすぎると、低学年の子どもにとっては精神的に大きな負担であろう。地元の理解の取り付けも難しい。学校がなくなると子育て世帯の流出につながり、地域そのものが〝消滅〟しかねないためだ。

とはいえ、出生数減が急加速している現状ですべての学校を維持することは無理である。高校に関しては、文科省は遠隔授業や通信教育を推進するといった対策を進めている。

一方、最近は通信制高校が人気で、競争率が高く、公立でも不合格者を出すところがあるほどだ。受験予備校でオンデマンド授業が定着し、通信教育への抵抗感が薄らいできているのだろう。急速に少子化が進む人口減少社会においては、「学ぶ」ということを相当柔軟に捉えなければ、学校自体が成り立ち得なくなる。

だが、学校は勉強だけでなく、人との接し方などを練習する場でもある。集団で学ぶことの重要性を指摘する専門家は少なくない。こうした懸念については生徒が集まる機会を増やせばかなり解決するだろう。合宿行事や交流の機会を積極的に用意し、生徒が時おり参加しなければならない状況をつくることだ。求められているのは「現在の学校」の維持の方策ではなく、人口が激減する中でいかに学びやすい環境を創出し、少なくなる子どもたちを人材としてどう育てていくかだ。今後の日本では、毎日通学するということが常識でなくなるかもしれない。従来の発想にない「新しい学校」のカタチが問われている。

東大生がそっぽを向いた

――「官邸主導」が招いたキャリア官僚離れ

最近、日本の崩壊の足音が聞こえてきたと痛感するのが、国家公務員人気の陰りである。国家の土台部分が崩れ始めている印象だ。

採用試験の申込者数の落ち込みは顕著だ。人事院によれば2022年の総合職試験は1万8295人にとどまり、2011年の2万7567人と比べて33・6%減だ。

2024年の春試験でも人気の陰りは続いており、総合職試験の申込者数は過去最少の1万3599人となった。倍率も7・0倍と過去最低を記録した。

地方公務員も受験者数が大きく減ってきているのだが、なぜ公務員離れが鮮明になってきたのか。要因は複雑だ。国家公務員と地方公務員とでは異なる部分もある。

東大生の「キャリア官僚離れ」が進んだ理由

人事院によれば、国家公務員採用試験申込者数の落ち込みは総合職だけではない。2011年と2022年を比較すると一般職試験（大卒程度試験）は39・5％減、一般職試験（高卒者試験）は43・1％減だ。

このうち総合職に関しては、人気の陰りを象徴する大きな変化がもう1つ見られる。東京大学からの合格者が激減しているのである。国家の政策の企画立案などに携わる総合職と言えば、「キャリア官僚」と呼ばれる各省庁の幹部候補であり、東京大学出身者が例年トップを占めてきた。2023年の春試験においても大学別では東大の193人が最多だったが、前年度と比べて24人減った。現行の総合職試験制度となってから最少だ。東大からの合格者が200人を下回ったのは初で、10年前と比べると半減である。

2024年の春試験における合格者は、東大はトップをキープしたものの前年の春試験より4人少ない189人で、過去最少を更新した。総合職の合格者総数は1953人なので、東大は1割にも満たないということだ。

東大生の「キャリア官僚離れ」が進んだ理由はいくつもあるが、長時間労働の常態化が主要因の1つと見られている。若い世代では働き方に対する関心が高まっており、過酷な職場に対して「受け入れ難い」と感じる人が少なくない。国会議員からの事前の質問通告が遅く、国会答弁作成終了時間が夜中に及ぶといった官僚の過酷な働きぶりが敬遠されているのである。こうした官僚を取り巻く労働環境の悪さを知って、東大生に限らず他の一流大学でも「同じ激務ならば、官僚になるよりも、より多くの報酬を得られる外資系企業などに勤めたほうがよい」と考える学生が少なくないのだ。起業する人も増えている。

官僚OB、OGには、天下りが規制されたことの影響を指摘する声が少なくない。かつてのように「官僚時代は安月給でも退職後に天下りルートに乗って多額の報酬を得られるので、民間に勤めるより生涯収入は多い」と言えなくなったことが官僚離れを加速させているというのだ。大企業は、少子化が進む中でより良い人材を確保すべく給与水準をどんどん引き上げている。優秀な学生たちの多くにとってもはやキャリア官僚は「エリートの職業」とは映っておらず、「割に合わない仕事」になり下がってしまったということだ。

「官邸主導」で官僚は〝やりがい〟喪失

優秀な学生を遠ざけている大きな要因はもう1つある。政策決定プロセスの変化だ。

1990年代までは「官僚主導」であったが、経済財政諮問会議を積極的に活用した小泉純一郎内閣以降は「政治主導」が強まり、2014年に内閣人事局が設置されて国会議員が幹部官僚の人事権を握ると首相官邸に権限が集中し「官邸主導」へと切り替わった。

選挙で選ばれた国会議員が政策や人事をトップダウンで決めることについては「スピード感のある政治の実現」という評価の声がある一方、裁量権を制約される形となった官僚には「創意工夫の余地が少なくなった」との受け止めが広がっている。行きすぎた「官邸主導」が散見されるようになったこともあって、官僚全体に委縮の傾向が広がり、〝やりがい〟が急速に失われているのである。「官邸主導」は、一部の官僚に露骨な忖度が見られるという弊害ももたらした。各省庁の幹部が首相や閣僚などの顔色を極度に窺い、政治家の思いつきのような政策に振り回されることも少なくない。

それでも官僚には国の政策に直接関わるダイナミズムがあり、それに意義を感じる人も少なくない。だが、実際に行っている仕事といえば「霞が関文学」と揶揄《やゆ》される些末《さまつ》で独特な作法の書類作成や、政策に明るくない閣僚や国会議員への説明や根回しが中心だ。何度も書類の作り直しを求められ、不毛な作業にかなりの時間を奪われている。政策に無理解な閣僚や横槍を入れる政治家に幹部官僚が迎合する姿に失望し、あるいは社会で役立つスキルが身に付かないことへの焦りなどから、最近は若手官僚が退職するケースが目立つ。東大生の官僚離れの要因としては、こうした〝やりがいのなさ〟や〝不甲斐なさ〟によるところのほうが大きいかもしれない。

「19歳から受験可能」で「初任給1万円上乗せ」案も

人事院によれば、総合職のうち採用後10年未満で退職した人は、２０１３年度は76人だったが、２０２２年度は１７７人だ。１００人超えは２０１８年度から5年連続である。

２０２１年3月末までの在職年齢別の退職率（各年度の採用者数における退職者数の割合）で見ると、5年未満退職率（把握可能な２０１８年度採用者）は11・5％、3年未満退職率（同２０２０年度採用者）は４・４％だ。

いまやインターネットで簡単に情報を入手できる時代である。過酷な職場の実態は学生たちにも筒抜けであり、20代の離職者の多さおよび退職理由を知って、そもそも国家公務員を目指さない人が増えているのである。

国家公務員試験の申込者が減り続けている状況に対して、政府も危機感を募らせている。その対策として試験制度の見直しを図っている。2023年度の秋試験から受験可能年齢を1歳引き下げて「19歳以上」とし、大学2年生から受験可能としたほか、合格の有効期間も総合職「教養区分」は従来の3年から6年6か月に延長した。優秀な学生に早めに関心を持ってもらおうということだ。各省庁は中途採用にも力を入れている。

政府は昇進してもさほど昇給しないことが早期退職者の増加要因の1つになっているとも分析しており、処遇改善も進めようとしている。

人事院勧告は2023年度の国家公務員の初任給について大卒、高卒のいずれも1万円超の上乗せを求めた。33年ぶりの大幅増だ。月給に関しても全職員平均で3869円増やし、若手職員への配分を手厚くする。さらに、柔軟な働き方を認めるべく、在宅勤務が中心の職員への手当支給や、「週休3日制」の導入も打ち出した。

これらの取り組みの効果もあってか、２０２３年度の秋試験では総合職「教養区分」で前年度比65・９％増の４２３人が合格した。だが、このうち２０２６年度に採用となる19歳の合格者が43人と10・２％を占めている。そもそも合格者全員がそのまま国家公務員になるわけでもない。

優秀な学生の「キャリア官僚離れ」に歯止めがかかるかどうかは、もう少し時間が経たなければ評価はできない。今後も長期にわたって国家公務員試験を取り巻く環境をとらえると、厳しさはさらに増しそうである。日本の出産期の女性人口の減少は「動かし難い未来」であり、今後の出生数は減り続ける見通しだ。それは国家公務員試験の受験対象年齢の人口が減り続けるということでもある。

さすがにキャリア官僚が定員割れする事態は想定しづらいが、優秀な学生のキャリア官僚離れが拡大したならば、採用したいレベルの人材を確保できない省庁が出てくるだろう。「政治主導」や「官邸主導」といっても、優秀な官僚たちの存在なくして政府や与党の政策立案は進まない。官僚の質の低下が現実のものとなれば、国家運営はダメージを避けられなくなる。

出生数ゼロ自治体は職員の「なり手」なし

――「安定した勤務先」で起きている〝真の地方消滅〟

地方行政にも日本崩壊の波が押し寄せている。そのシグナルは、安定した勤務先として人気が高かった地方公務員の応募者数の減少として表れている。

総務省によれば、2022年度の地方公務員の受験者数が43万8651人にとどまり、58万3541人だった10年前の2013年度と比べて24・8％減った。人数にすると約14万5000人少なくなったということである。2022年度の地方公務員の受験者数は10年前と比べて4分の3に減ったが、合格者数はなだらかに増加している。

総職員数は1994年をピークとして2016年まで減り続けたが、警察部門や消防部門などは組織基盤の充実・強化のために増加傾向にあったことが一因だ。さらに一般行政部門でも防災や福祉などで業務量が膨らんでいることが背景にある。

受験者数が減っても合格者数が増えているのであれば採用には問題がないようにも思えるが、職種によっては定員割れを起こしている。都道府県の職員試験などでも土木や獣医、電気、建築といった部門を中心に予定数を採用できないケースが広がっているのだ。

民間企業との「人材獲得競争」に勝てない

受験者数の減少や、一部の職種で採用割れを起こしている背景には、民間企業との人材獲得競争に負けていることがある。少子化の影響で20歳前後の人口の急減に伴い、どの産業も新卒者の確保が難しくなってきているためだ。若者の雇用が売り手市場であり、必然的に「欲しい人材」の奪い合いが過熱している。待遇の改善を急ピッチで進める民間企業に対して、地方自治体は見劣りする状況となっているのだ。県庁や市役所や町村役場を就職先として捉えれば、その地域の中において給与水準が高く「優良な勤務先」であることが多いが、大企業と比較すればそうでもなく、昇給ペースも遅い。

民間企業との採用試験方法が大きく異なることも、地方自治体を不利にしている。出題範囲が広い公務員試験に合格するには、かなりの勉強時間が必要だが、民間企業は採用試験の実施時期が早いところが多く、併願を考えていても民間企業から内定を得るとそのまま就職活動を終えてしまうという人が少なくない。

国家公務員の人気低迷の理由と同じく、激務に対して給与が見合っていないという不満もある。最近は窓口で住民から理不尽な要求をつきつけられたり、一方的なクレームの電話が頻繁にかかってきたりするなど、カスタマーハラスメントに悩む自治体が増えている。そのためか、中途退職する自治体職員や地方公務員を志望しなくなる人が増加傾向にある。

出生数ゼロの自治体も

地方公務員離れの要因は、民間企業を選ぶ人が増えたからだけではない。出生数の激減による受験対象年齢人口の不足のほうが深刻だ。

政令指定都市など大規模な地方自治体の場合、受験者には他の地方自治体の出身者が少なからず含まれる。例えば、東京や大阪の大学に進学した人が故郷に戻らず、そのまま東京都庁や大阪市役所などに就職するケースは珍しくない。

しかしながら小規模な地方自治体となると、市役所や町村役場を目指す人の大半はその地方自治体か近隣自治体の出身者となる。ところが、小規模な地方自治体の出生数は急減しており、地方公務員の募集年齢に該当する人口が極端に少なくなっているのである。

将来を見通すと危機的な状況が浮かび上がる。総務省の「住民基本台帳に基づく人口、人口動態及び世帯数」によれば、2022年に出生数が10人未満だった地方自治体は全国で135に上り、このうち4自治体は0人だ。「10〜19人」の自治体も164である。

2022年生まれの子どもたちは、概ね20年後には就職する年齢に達するが、すべての人が地方公務員を志望するわけではない。こうした点を勘案すれば、これら出生数20人未満の自治体は、20年を待たずして新規職員の採用難に陥ることが予想される。

各自治体の出生数の激減は、将来的な新規職員の採用難にとどまらない。これまで市役所や町村役場といえば「潰れることのない安定した勤務先」であったが、人口減少社会においては、市役所や町村役場も民間企業と同じく、いつ自治体合併などで消滅してしまってても不思議ではない。これから地方自治体に就職する人たちが定年退職を迎えるまでに、「地方」の在り様は大きく変貌していることだろう。

住民数が減り、高齢化が進めば地方税収は目減りする。そうなれば自治体財政は悪化し、職員給与も上がりづらくなる。組織のスリム化や民間へのアウトソーシングを進めるところが増えよう。

それは、職員に求められる役割がどんどん変わるということだ。不慣れな仕事への異動を求められることも多くなるだろう。もはや地方公務員は安泰とは言えない。

人口減少する自治体が陥る悪循環

人口が激減する市町村では大都市圏や県庁所在地などへの流出が拡大している。固定的な性別役割分担意識といった古い価値観への〝息苦しさ〟を嫌って進学や就職を機に東京へと移り住む20代女性も少なくない。ただでさえ出生数が少ないのに、若い世代が流出したのでは地元の市役所や町村役場の職員のなり手がより不足する。

人口の激減が進んでいる市町村では、「若者が地元に戻らず地方公務員のなり手が減少」→「人手不足が慢性化して職場環境が悪化」→「行政サービスの劣化」→「住民の流出に拍車がかかり過疎化が進行」→「高齢化の進行」→「若者が地元に戻らず地方公務員のなり手が減少」という負の循環が起きている。こうした負の循環が地方公務員の応募者減少の背景となっているのである。出生数減に歯止めがかかる兆しはなく、生産年齢人口は1994年から2022年までに14・7%減ったが、2050年には2022年の4分の3になると予想されている。地方公務員のなり手不足が解消される見込みは立っていない。

人口の急減は受験者数の減少だけでなく、遠からず定員割れの常態化を招き、いずれは深刻な職員不足に陥る市町村を増やすだろう。日本総合研究所の推計では、2045年度の職員の充足率（必要な行政需要に対する職員の供給数）は2018年度を「100」とした場合、政令市などが83・0、町村では64・6に落ち込むとしている。

地方公務員といえば身近な存在である行政職をイメージしがちだが、事情は技術職や警察や消防といった公安職、保健師や薬剤師、管理栄養士、司書など免許資格をもった専門職も同じだ。こうした職種は即座に代わりとなる人材を確保できず、育成には時間がかかる。国交省によれば、土木や建築の技術系職員が5人以下という市町村が47%に及ぶ。全体の4分の1にあたる437市町村は1人もいない。建設後50年以上経過する老朽インフラは今後10年ほどで加速度的に増加するとみられているが、補修・修繕に着手できていない施設がすでに多数存在する。

2045年、地方公務員の充足率はここまで落ち込む

●自治体規模別（2018年度＝100）

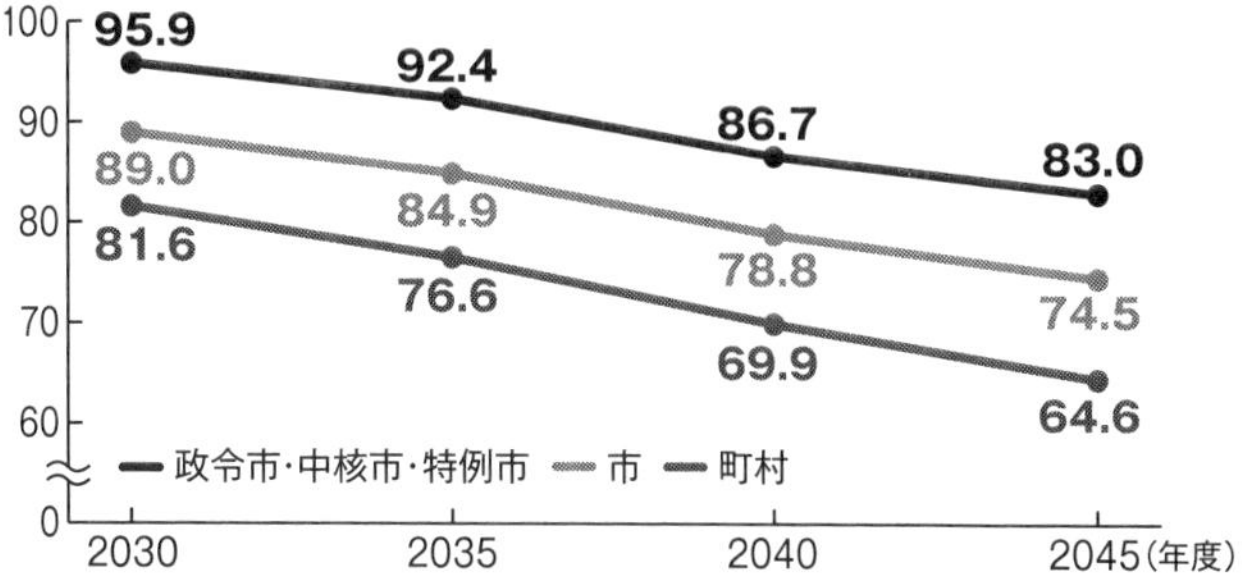

出所：日本総合研究所「地方公務員は足りているか」（2021年）

交番や駐在所の統廃合も広がっている。小規模な警察署を近隣署に統合する動きもある。人口減少で事件事故が減ったエリアが広がっており、建物の老朽化も考慮して地域の実情に応じた警察官配置を目指すということだが、統廃合は大都市で見られる。必要な警察官数を確保できなくなる将来を見越した取り組みの側面もあろう。

今後求められる対策は2つ

こうした状況に対応するためには、各自治体の業務内容を見直さざるを得ない。これまでは業務の効率化を目的として近隣自治体が連携する「広域化」が進められてきたが、人口が激減する自治体同士が連携してみてもうまく行かない。

今後求められる対策は2つだ。1つはデジタル化の一層の推進である。日本総合研究所の試算によれば、すべての自治体が最もデジタル化が進んでいる自治体のレベルまで進捗《しんちょく》すれば現在の77％の人数で現行の行政サービスを提供できるという。

もう1つは行政サービス自体の削減だ。「行政がすべき仕事」の範囲について線引きをやり直すことである。民間事業者や住民に任せられることは、どんどん委《ゆだ》ねることだ。

人口減少社会においては高齢住民が増え、行政に依存する場面が増えよう。だが、職員や地方財源の縮小・不足を考えれば、自治体が住民の新たなニーズにすべて応えるわけにはいかない。それどころか、現在担っている業務をすべて続けることさえ難しい。住民同士の助け合いの推進が不可避となるだろう。

これまでの〝地方消滅〟は住民数が減ることとして捉えられてきたが、役所という「組織」が機能しなくなることでも〝消滅〟は起こり得るのである。政府には地方自治体が機能しなくなる前に、その役割や業務範囲を見直すことが急がれる。

「議員報酬の低さが原因」という勘違い

――地方選挙で「立候補者不足」が拡大中

日本崩壊の予兆は、地方議員のなり手不足からも見てとれる。地方自治は二元代表制であり、独任制の首長と住民の多様性を反映させる議会からなる。もし、立候補者が議会の定足数を満たさない事態となれば議会は成り立たず、有権者自らが予算案などを直接審議しなければならなくなり、地方行政は大きな混乱を来す。

人口減少で多くの市町村が〝消滅〟を危惧される中、こうした事態は非現実的な話ではない。すでに地方議会選挙における無投票当選者が増えているのだ。

総務省の「第33次地方制度調査会」によれば、2019年の統一地方選において無投票当選があったのは482選挙区（全体の26・9％）に及ぶ。当選者は1816人（同12・1％）で、とりわけ都道府県議会と町村議会で急増傾向が目立つ。それぞれ26・9％、

23・3％で、いずれも過去最高を記録した。8自治体では立候補者数が定数割れした。

都道府県議選（2019年に統一選を実施しなかった都道府県は直近の統一選）で無投票選挙区を比較すると、香川県の69・2％が突出している。岐阜県（61・5％）と広島県（60・9％）も6割台だ。一方、東京都は無投票の選挙区はなく、沖縄県は7・7％にとどまる。大阪府（15・1％）、鳥取県（22・2％）なども低水準で、地域差が大きい。

ハードルの高さに加え低報酬と兼業の難しさも

全国町村議会議長会が設置した有識者会議の報告書によれば、2019年5月〜2023年4月の4年間に行われた町議会議員選挙のうち無投票および定数割れは254町村（27・4％）だった。2015年5月〜2019年4月までの4年間は204町村（21・9％）だったので5・5ポイントの上昇だ。

立候補者数が「定数＋1人」という、ぎりぎりで選挙戦になったところは、2019年5月〜2023年4月の4年間で299町村もあった。これらと無投票および定数割れの254町村と合わせれば553町村となり、全体の59・7％を占める。

統一地方選における無投票当選者数の割合の推移

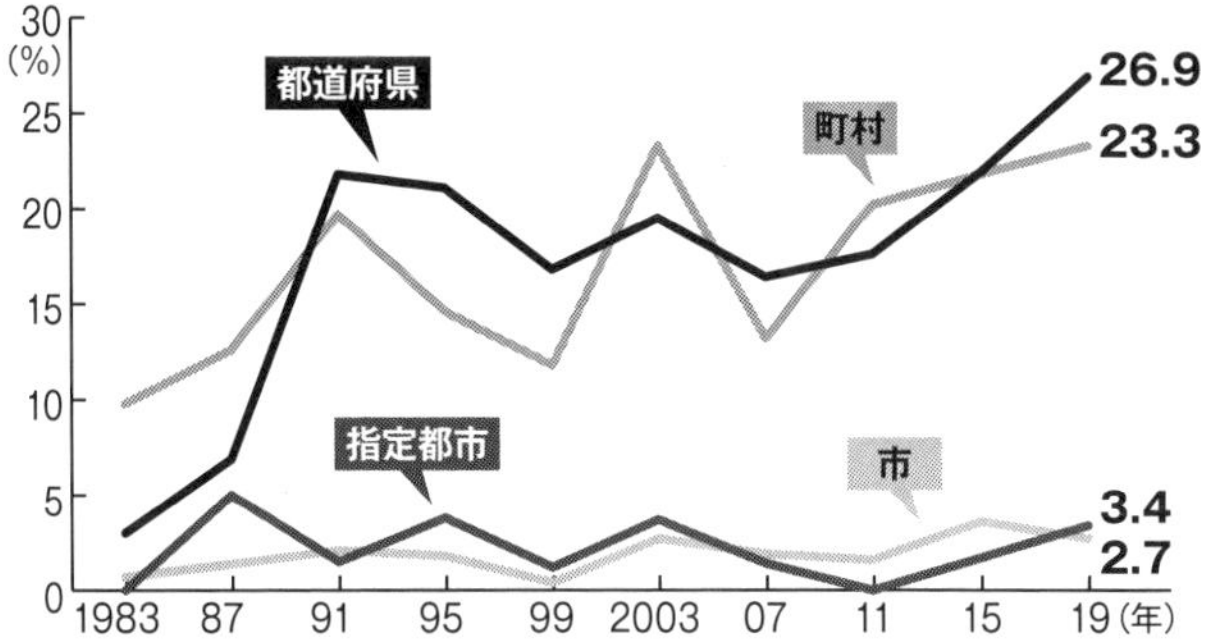

出所：総務省「第33次地方制度調査会」資料（2023年）　※市は東京都特別区を除く

　これまで無投票や定数割れとなっていない町村議会であっても、潜在的ななり手不足状態に陥っているところが少なくないとみられており、報告書はこれまでのペースで増え続けたとすれば２０２３年５月〜２０２７年４月までの４年間で全体の34・１％にあたる３１６町村が無投票になると予測している。

　無投票選挙区が増えるのは立候補者が少ないためだが、その理由としてこれまでは「立候補へのハードルの高さ」が挙げられてきた。例えば小規模議会に見られる議員報酬の少なさだ。２０１９年の地方統一選挙で無投票当選となった地方議会の59・６％は10万円台である。「町村議会議員の議員報酬等のあり方検討委員会」の報告書は、17万６０００円未満では無投票当選率が高まるとしているが、これでは資産家か、もしくは何らかの副収入を当て込める人でなければ立候補は難しい。

議員報酬の少なさとも密接に関連するが、議会の開催時間が平日の昼間中心となっていることも要因だ。兼業が容易ではない会社員などが立候補するとなれば、仕事を辞めざるを得ない。小規模な町村の場合、立候補すると家族や親族も注目されるため反対されることも多い。民間企業などでは定年年齢の引き上げが進んでおり、「定年後に議員を引き受けるだけの気力や体力が残っていない」という人も増えている。

一方、女性が立候補しづらい雰囲気が残っているとの指摘も多い。いまだ「政治は男性のもの」といった固定的な性別役割分担意識が残っている地域は多く、進出を阻《はば》んでいるのだ。家庭生活などと両立するための環境整備の遅れも目立つ。地方議会における女性議員の割合（２０２３年末）は都道府県議会が14・６％、市区議会19・９％、町村議会13・６％と極めて低い。

しかしながら、いまや無投票当選の広がりの主たる要因はこうした「ハードルの高さ」ではない。むしろ人口減少に伴う議員のなり手不足の影響のほうが大きい。「ハードルの高さ」は制度改革で改善するが、人口減少はそうはいかないだけに深刻だ。

人口減少の影響は2019年の統一地方選挙から窺える。無投票当選者を出した11市区の人口規模を見ると、人口5万人未満が63・6％を占めている。同じく無投票当選者を出した93町村は48・4％が5000人未満であった。小規模な自治体で無投票が多い傾向が見て取れるのは、住民が少ないほど立候補者も少なくなるからである。

多選・高年齢議員もいずれ減少傾向に

無投票当選が広がると、議員の年齢は高くなる。当選した議員（無投票当選以外も含む）のうち60歳以上が占める割合は、都道府県議会が41・9％、市区議会が53・8％、町村議会にいたっては77・1％となっている。

議員の高年齢化が進むのは、若い世代で政治への無関心層が広がっていることもあるが、それ以前の問題として若い世代の絶対数が少ないためだ。住民の過半数が高齢者という〝限界自治体〟が増えているが、高年齢の住民が多い自治体において立候補者や当選者に占める高年齢層の割合が増えやすくなるのは自然なことだ。

しかも、高年齢議員の多さは、多選議員の多さと密接に関連する。60歳以上の議員の中に「新人議員」がいないわけではないが、多くは若い頃から当選を重ねてきたベテラン議員である。ベテラン議員ともなれば、これまでの実績をもとに盤石な政治基盤を築いてきている人が少なくない。新人がいきなり立候補してもなかなか勝ち目を見いだせないのが現実である。結果として新人が出馬を諦めたり、避けたりする傾向が生まれ、無投票当選を増やしているのである。

地方での選挙がベテラン議員に有利に働いていることを裏付けるデータがある。2023年時点の調査では、町村議会は52・5％が在職年数8年以上である。このうち10・1％は24年以上だ。都道府県議会と市議会における在職年数20年以上の多選議員はそれぞれ14・4％と12・0％に及んでいる。全体として地方議員は在職年数が長くなりやすく、そのために高年齢化しているということだ。もちろん、在職年数が長いことが問題というわけではないが、人口減少と相まって地方議員のなり手の不足を生み、無投票当選を招いているのである。

地方議会では、かねて在職年数の長い議員が多かった。地方独特の〝暗黙のルール〟が存在していたためだ。農業主体の過疎地を中心に地方議員は「名誉職」とみなされてきた。

長く地域に貢献してきた年配者を当選させ、一定期間で次なる「地元の名士」に引き継ぐ〝議席の継承〟が行われていたのだ。こうした地区では新人はなおさら立候補しづらかった。しかしながら、人口減少でこうした〝暗黙のルール〟も続かなくなってきている。人口減少で「地元の名士」と呼ばれる後継者候補までもが減り、あるいは高齢になりすぎて立候補を断られるケースが増えているのだ。

議員のなり手不足を解消するための方策について、全国町村議会議長会の報告書は、立候補のために休職や副業制度の整備、地方議員の被選挙権年齢の23歳への引き下げ、公務員の立候補制限や他の自治体職員との兼職禁止の緩和などを挙げている。多くの地方議会関係者には議員報酬のアップや女性議員を増やすことがカギであるかのような意見も少なくないが、日本全体の人口減少は止めようがなく、そういった小手先の政策では解決しない問題なのである。

「議会の活性化をどうするか」ということではなく、市町村の存亡が問われているのだ。必要な立候補者が確保できなくなるほどに人口が激減する自治体が増えていくことが予想される。政府は、近未来を見据えて地方自治の在り方を根本的に考え直す時期に来ている。

空き家解消で「地方」を襲う不幸な未来

——移住促進で〝ポツンと5軒家〟をつくってはいけない

日本崩壊のシグナルは住まいの中にも見つかる。その1つが空き家の増加だ。

総務省が5年ぶりに実施した住宅・土地統計調査（2023年10月時点）の速報集計によれば、前回調査（2018年）より約50万6000戸増えて過去最多の899万5200戸となった。国内の住宅総数に占める割合（空き家率）も過去最高の13・8％を記録した。

都道府県別の空き家の割合は、和歌山県と徳島県が同率トップ（21・2％）だ。山梨、長野、高知、鹿児島の各県も20％を超えており、空き家問題は人口減少が加速する「地方圏の課題」といった印象を受ける。

だが、実数で順位付けすると、89万7900戸の東京都が最多だ。大阪府（70万

3300戸）、神奈川県（46万6200戸）、愛知県（43万3200戸）が続く。

これら4都府県に、東京圏の埼玉県（33万3200戸）、千葉県（39万3400戸）および大阪府と一体的な生活圏を築いている兵庫県（38万5000戸）を含めた三大都市圏の7都府県で計算すると、全国の空き家の40・2％にあたる361万2200戸となる。空き家問題は、住宅の多い大都市圏の課題でもあるのだ。

大都市圏の空き家は、マンションやアパートといった共同住宅が〝主役〟だ。空き家といえば、「朽ち果てた一戸建ての木造住宅」とのイメージを抱きがちだが、実は全体の55・8％が共同住宅（502万3500戸）なのである。東京都（87・5％）や大阪府（72・8％）はかなり高い数字となっている。

空き家は今後、さらに増える見通しである。野村総合研究所は2043年には空き家率が25・3％に上昇すると試算している。

一方、「住宅・土地統計調査」で過去の空き家率の推移を確認すると、前々回調査（2013年）が13・5％、前回調査（2018年）は13・6％だ。今回調査で過去最高を記録したといっても13・8％であり、前回と比べて0・2ポイント上昇したにすぎない。

頭打ち状態に見えるのにはカラクリがある。分母である住宅総数が、空き家数以上に増えているのだ。

要因の1つは「賃貸・売却用」住宅の増加

2018年と2023年を比較すると、空き家は約50万6000戸増えたが、住宅総数は5倍以上の約261万4000戸増だ。空き家の実数は毎年平均10万戸ペースの勢いで増え続けているのに、それを上回る分母の拡大が上昇率を極めて緩やかなものに見せているのである。

今後、空き家を増やす要因は大きく2つある。1つは、「所有者が住むことを目的としていない住宅」の増加だ。賃貸用や売却用の空き家が多いのである。

住宅・土地統計調査で空き家総数が過去最多の899万5200戸を記録したといっても、これには賃貸・売却用や別荘などが514万2500戸（うち別荘などは38万2900戸）含まれている。居住者や利用者がいない実質的な「放置空き家」は385万2700戸にとどまる。いわば、供給過剰と言える状況なのだ。

空き家問題 「率」は地方圏、「数」は都市圏の課題

空き家率トップ10			空き家数トップ10		
1	徳島県	21.2%	1	東京都	89万7900戸
1	和歌山県	21.2%	2	大阪府	70万3300戸
3	山梨県	20.5%	3	神奈川県	46万6200戸
4	鹿児島県	20.4%	4	北海道	45万500戸
5	高知県	20.3%	5	愛知県	43万3200戸
6	長野県	20.0%	6	千葉県	39万3400戸
7	愛媛県	19.8%	7	兵庫県	38万5000戸
8	山口県	19.4%	8	福岡県	33万3600戸
9	大分県	19.1%	9	埼玉県	33万3200戸
10	香川県	18.5%	10	静岡県	29万4500戸

出所：総務省「住宅・土地統計調査」(2023年)

住宅デベロッパーにしてみれば「需要があるから建て続けている」ということだろうが、少子化で住宅取得の中心世代である30〜40代が減少傾向にあるのだから、一方で空き家が増えるのは当然だ。

人口減少下でも需要が拡大している背景には日本人の〝新築信仰〟の強さに加えて、物件価格の上昇が見込める大都市の中心市街地などの物件に国内外の投資マネーが流れ込んでいることがある。地方の年配の富裕層が相続税対策として大都市などでセカンドハウスを購入する動きが大きくなっていることも需要を押し上げている。

投資マネーが大都市の物件に流れ込んでい

ることは、三大都市圏の7都府県（東京都、神奈川県、埼玉県、千葉県、愛知県、大阪府、兵庫県）の空き家の3分の2が賃貸や売却用で占められていることが証明している。これらの中には思うように売り抜けられず、〝塩漬け〟となっている物件も含まれよう。このような「所有者が住むことを目的としていない住宅」もまた「放置空き家」に転じやすい。

「1人暮らしの高齢者」増加でさらに加速

もう1つの要因は、1人暮らし世帯の増加だ。今後はこちらの要因のほうがウエイトを増しそうである。

社人研の「日本の世帯数の将来推計（全国推計）」（2024年）によれば、2050年の世帯総数は5260万7000世帯で、2020年（5570万5000世帯）より309万8000世帯少なくなる見通しだ。ところが、1人暮らし世帯は2020年の2115万1000世帯から2050年の2330万1000世帯へとむしろ215万世帯も増えるというのである。

しかも未婚者が多くなっており、今後は身寄りのない1人暮らしの高齢者が増えそうだ。

相続する親族がいなければ、空き家の拡大を加速させることになろう。

1人暮らしの高齢者に子どもがいたとしても、亡くなった親が遺した家に住むとは限らない。「人生100年」と言われる時代となり、80代後半や90代で亡くなる人が増えている。その頃には相続する子どもは定年前後の年齢となっており、大半の人は自宅を取得して自分の家族と住んでいる。そんなタイミングで親が遺した家が手に入ることになったとしても持て余すだけだ。

親族が少なくなった現代においては、相続を重ねて2軒どころか3軒以上の住宅を所有することになる人もいる。不便な地方の住宅を相続した場合、売ったり貸したりすることが難しく、すべてが放置空き家に転じていくことが珍しくないのだ。

「管理不全」対策など新たな取り組みも始まったが……

増加し続ける空き家に対して「活用しないのはもったいない」との声が小さくない。政府は2023年の法改正で、倒壊の恐れがあるものや衛生上有害な「特定空き家」の前段階にある空き家を「管理不全空き家」と位置付け、固定資産税の軽減特例の除外対象に加えることとした。さらに、２０２４年4月からは不動産の相続登記を義務化した。空き家の所有者が不明となって管理が行き届かなくなることを避けるのが目的だ。

民間では、空き家活用への取り組みが広がっている。大都市の郊外などでは、築年数の経った空き家を買い取り、リフォームして貸し出すビジネスも見られる。人口減少に悩む自治体の中には、移住促進策の一環としてリフォームした空き家を移住者に安く貸し出す事業を行っているところも少なくない。

こうした取り組みをすべて否定するつもりはないが、「一時しのぎの策」でしかない。これでは、空き家問題の根本解決とはならない。

理由は日本の人口減少が激しすぎるためだ。空き家が誕生するペースが速すぎて、空き家の一部を活用したところで焼け石に水ということである。リフォームを施して一時的に「住む人」が現れたとしても、ずっと誰かが住み続ける保証はない。住宅総数と人口減少による需給バランスの崩れを考えれば、再び空き家に戻る可能性のほうが大きい。

それどころか、過疎地域の空き家をリフォームして貸し出したり、安く売却したりすることは、人口減少社会においては新たな課題を生むことにもなる。

人口減少下で地方の社会機能を維持するには、商店などが立地し得る程度の商圏規模の確保が必要である。そのためには住民の集住が不可欠だが、過疎地域の空き家を移住促進策のツールとして活用することはこれに逆行する。行政自らが〝ポツンと5軒家〟を作り上げ、過疎地域を広げるようなものであり、こうした居住地の分散政策を続ければ、行政サービスの提供コストは膨らむ。いずれ地方財政にかなりの重荷となって跳ね返ってくる。空き家の「住宅」としての再生は命取りとなりかねないのである。

それより、今後まず取り組むべきは、空き家を必要以上に生み出さないよう家の建てすぎをやめることだ。税制をはじめ供給過剰の解消を促す仕組みづくりが急がれる。

そうは言っても、人口減少に伴って空き家は必然的に増えるので、同時に、新たな「住宅」として作り直すものと、別用途の土地活用に向けて壊すものとに分けることである。人口減少社会とは、「住民」となる国民の数が減っていくということだ。使われなくなった住宅をすべて「住宅」として再生するのは無理がある。今後の街づくりは、人口が減ることを前提として、どう社会機能を維持させるかという視点が不可欠となる。その中で増える空き家をどう位置付けるのか――。日本の住宅政策は大きな曲がり角を迎えている。

「2つの老い」が生み出す大規模な〝住宅難民〟

──老朽化マンションの住民が迫られる「厳しい選択」

住まいから見える日本崩壊のもう一つのシグナルは、マンションの老朽化である。半世紀以上にわたって急増し続けてきたマンションだが、いまや建物としての老朽化と居住者の高齢化という「2つの老い」に直面している。建て替えのハードルは高く、このままでは都市に廃墟のような建物が乱立する可能性もある。

国土交通省によれば、2022年末時点のマンションのストック総数は約694万3000戸であり、このうち約125万7000戸が築40年以上だ。

築40年以上のマンションは大幅増が見込まれる。国交省は2032年末に2022年末比で約2・1倍にあたる約260万8000戸、2042年末は約3・5倍にあたる約445万戸に達すると推計している。

建て替え負担額の平均は２０００万円近く

社会全体の高齢化に伴い、居住者の年齢も上がってきている。

内閣府の「高齢社会対策総合調査」（２０２３年度）によれば、持ち家の分譲マンションに住む高齢者は８・３％である。国交省の調査によれば、世帯主が70歳以上の割合は「築40年以上」では48％、「築30年〜40年未満」が44％と半数近くだ。「築20年〜30年未満」も23％である。

高齢居住者が増えるにつれて、近年は住み慣れたマンションを終《つい》の棲家《すみか》にしたいという永住意識も高まっている。70歳代が79・2％、80歳以上は79・3％だ。だが、こうした高齢住民の永住志向は、老朽化したマンションの建て替えの大きな阻害要因となっている。

近年、床面積を新たに生み出せる容積率が縮小傾向にあることに加え、建築資材の高騰で1世帯あたりの建て替え負担額は上昇している。国交省によれば２０１７〜２０２１年の平均額は１９４１万円だ。

一方で住民側といえば、デフレ経済の長期化の影響で賃金上昇が抑え込まれ、十分な老後資金を貯められないまま定年退職したという人が増加傾向にある。年金収入が中心の暮らしになってから2000万円近い資金を求められても、簡単に「イエス」とはならないだろう。こうして、高齢居住者が多いマンションほど建て替えの合意は得られにくくなっていく。区分所有者が多いタワーマンションはなおさらハードルが高くなりそうだ。

建て替えどころか大規模修繕も困難に

高齢住民の増加は、建て替えどころか大規模修繕も難しくしている。

快適な居住環境を維持するには適正な時期に修繕するマンションの長寿命化が欠かせないが、長期修繕計画を定めて修繕積立金を積み立てているマンションのうち、「不足していない」との回答は33・8％にとどまる。一定の条件を置いた国交省の試算によれば、「必要となる修繕積立金」の1世帯あたりの平均月額は、2021年度は2万1420円だ。2011年度の1万4210円と比べて5割ほど上昇している。

積立金が不足する要因としては、建設作業員の不足や資材の高騰に伴って想定以上にコストが上昇していることもあるが、十分な額を積み立てていないケースも目立つ。

世帯主が70歳以上の割合（マンション築年数別）

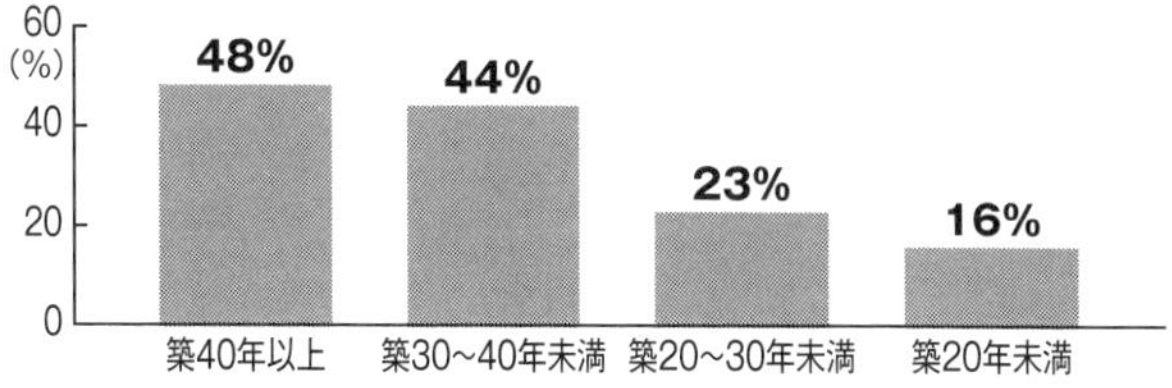

築40年以上のマンション数の推計

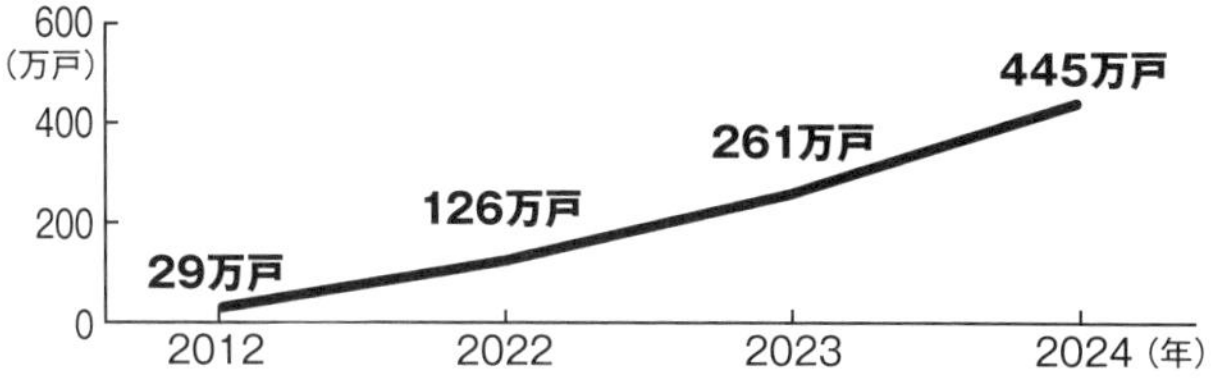

出所：国土交通省資料（2023年）

　マンション購入にあたっては住宅ローンの返済に加えて修繕積立金などを支払う人が大半であり、毎月の負担額は多額になりがちだ。毎月の支払額が大きくなると購入自体を諦める人も出てくる。こうした事態を避けようと、マンションの販売会社は修繕積立金を低く設定して買わせやすくする傾向がある。

　こうしたマンションの場合、一般的には管理組合で居住者同士の話し合いが進められるが、購入時点で負担感が大きかった人たちの懐具合が変わるわけではないので修繕積立金を値上げするにしても簡単には行かない。とりわけ高齢居住者が多いマンションでは合意形成が難航しがちである。建て替えにかかる費用ほどではなくとも、大規模修繕でも数百万円は必要になることが多い。これも年金で暮らす高齢者にとっては大きな負担だ。高齢者の中には「将来のための修繕と言われても、自分はあと何年生きられるかわからない。いま困っているわけではないのでこのままでよい」と主張する人もいる。大規模修繕にも反対する高齢者は少なくない。

「マンションの空き家」がより深刻な理由

建て替えや大規模修繕を困難にする要因は、高齢居住者の増加以外にもある。「2つの老い」が進むマンションでは空き家が増えているのだ。

先述したように、総務省の住宅・土地統計調査（2023年10月時点）の速報集計によれば、空き家総数899万5200戸のうち44・9％にあたる403万6800戸がマンションを意味する「非木造共同住宅」だ。その77％である310万8800戸では賃貸用マンション物件が空き家となっているのである。国交省の調査によれば、1979年以前に建てられたマンションの68・8％に空き家が存在する。完成時期の古いマンションほど賃貸や連絡先不明の空き家になっている割合も大きい。

マンションの空き家は、一戸建てと比べて近隣住民に影響を及ぼしやすい。高齢者が孤独死し、相続した所有者が不明となるケースは少なくないが、積立金などを実質的に徴収できなくなると、住み続けている人にさらなる負担増という「しわ寄せ」が行く。

しかも、空き家率が20%になると管理組合の日常的な対応が困難になるとの試算がある。役員を引き受けない理由のトップは「高齢のため」（36%）であり、高齢居住者が多いマンションでは管理組合の運営そのものが難しくなってきている。

こうして管理費や修繕積立金の支払いが滞ることになれば資金計画に大きな狂いが生じる。予定通りのメンテナンスができなくなれば、資産価値も下がる。

設備の維持管理に支障をきたすとマンションの劣化は想定以上に進む。外壁の剝離《はくり》などによって思わぬ事故やトラブルが発生することも懸念される。このような状態になった物件では引っ越す人も増えるだろう。さらなる空き家の増加を招き、自力での再生が困難になる負のスパイラルへと陥っていく。

建て替えや大規模修繕が行われないマンションの増加は街の景観の悪化ももたらす。老朽化したマンションは東京や大阪といった大都市圏に集中しているが、老朽化したマンションが目立つようになれば「日本の衰退」を印象づけることになるだろう。再開発計画の遅れや見直しを招き、「地域の活力」というより「日本全体の活力」の低下が懸念される。

「住宅弱者」の高齢者をどうしていくか

政府は対策として、老朽マンションの再生を推進すべく区分所有法を改正し、建て替えや取り壊しに必要な所有者の同意割合の緩和を図るが、高齢居住者が多いところではこうした手法の効果は限定的だとみられる。

一方、老朽化したマンションを建て直すことになればなったで、別の問題も起きる。大規模な〝高齢住宅難民〟を生み出すきっかけとなりかねない。内閣府の「高齢社会対策総合調査」(2023年度)によれば、高齢者の居住形態は民間の賃貸マンションやアパートが5・9%、公営などの賃貸住宅が4・5%で、約1割が賃貸の共同住宅に住んでいる。

建て替え期間中は分譲マンションの所有者であっても、いったんは別の住宅に移り住まなければならなくなる。マンションを借りて住んでいる人の中には、建て替え後に家賃が大きく上昇して借り続けられなくなる人も出てこよう。

しかしながら、賃貸の場合には高齢者の入居を拒否する物件が少なくなく、高齢者の住宅探しは難航が予想される。国交省によれば、賃貸人（大家）の66％が拒否感を抱いている。他の入居者とのトラブルや、家賃の滞納、居室内で孤独死し〝事故物件〟となることなどへの不安があるためだ。「高齢社会対策総合調査」（2023年度）は65歳以降に入居を断られた経験のある人について調べているが、離婚して単身となっている人や世帯収入が120万円未満の人の割合が高い。高齢であるだけでなく、万一のときの身元引受人がいなかったり、家賃の連帯保証人が見つからなかったりということなどが理由だ。

老朽化したマンションはいずれ建て替えなければならない。「厳しい選択」に頭を抱え先送りしているうちに、そこに住む人々の暮らしぶりや家族構成は変化を続けていくということである。今後は1人暮らしだけでなく、高齢者夫婦のみという世帯も増えていく。人口減少社会においては、空き家の増大やマンションの老朽化といったひとつひとつの課題への対応だけでなく、「住宅弱者」である高齢者の住まいをどうしていくのかという視点を持って根本的な対策を考えなければならない。

日本を襲う飢餓クライシス

――「20年後に農業従事者8割減」という悲惨な未来

日本崩壊の予兆の中でも、最も看過できないのが「食」への影響だ。日本は「輸入してまで食べ残す国」と言われてきたが、それは強い経済成長があってのことだ。人口減少社会においては国民の飢餓を心配しなければならなくなるかもしれない。

スーパーマーケットに所狭しと並ぶ食料品――。そんな日常の風景が「当たり前」ではなくなる日が来るかもしれないと思い知らされたのが、ロシアによるウクライナ侵略をきっかけとした穀物やエネルギー価格の高騰だ。ロシアがウクライナなどとの黒海穀物合意を停止する暴挙に出て、世界各地で小麦などの流通量が減ることになったのだ。

むろん、現在の食料品価格の上昇はウクライナ侵略に伴う影響だけが要因ではない。気候変動による世界各地での相次ぐ不作や、コロナ禍からの各国経済の回復に伴う食料需要の高まりなど、いくつもの要因が絡み合って起こっているが、このようにどこか1国でも計画通りの供給ができなくなると、他の主要産地で干ばつなどが発生した場合の影響がその分だけ大きくなる。

一方、日本の２０２２年度の食料自給率はカロリーベースで38%、生産額ベースでも58%に過ぎない。２０２２年度の小麦は国内生産量１１０万トンに対し、輸入量は５３８万トンだ。トウモロコシも３０６トンと１５３１万トンで、いずれも満足に自給できていない。

ウクライナ侵略の影響で即座に日本の食料輸入が滞ったわけではないが、不安定化した穀物相場の影響は、歴史的な円安が追い打ちをかけたこともあり、日本でも食料品の相次ぐ値上げとなって表れている。商品によっては短期間に複数回の値上がりとなった。

そうでなくても世界人口は爆発的な増加を続けており、各国の食料争奪戦は激化している。一方、人口減少が続く日本の購買力は低下してきており、すでに一部の商品では外国に〝買い負け〟する場面が見られるようになった。このため、「このまま日本経済が衰退して行ったならば、遠くない将来、日本は思うように輸入できなくなるのではないか」といった見方が広がっている。

動き出した〝農政の憲法〟改正論議

政府も危機感を募らせている。ロシアのウクライナ侵略で食料輸入に依存する日本の脆弱性が浮き彫りになったことも理由だが、そうした短期的要素だけではなく、食料が各国に行き渡らない状況の拡大への懸念だ。

国連の世界食糧計画（WFP）によれば、世界で飢餓に苦しんでいる人は最大8億2800万人にのぼる。背景には、世界人口の爆発的増加や開発途上国の経済発展がある。消費量の増加に生産力が追い付かないのだ。開発途上国の急速な経済発展は、地球温暖化を推し進める要因にもなっており、食料がリーズナブルな価格で手に入らなくなる可能性は小さくない。

こうした状況に、政府は〝農政の憲法〟と言われる「食料・農業・農村基本法」を改正した。1999年の施行以来初めてで、食料安全保障の体制強化を図ろうというのだ。

とりわけ政府が懸念しているのが、コメや小麦などの穀物だ。ウクライナ侵略の余波で小麦価格は過去最高を記録し、さらにはトウモロコシや大豆といった、日本が輸入に大きく依存する農産品が軒並み高騰したためだ。世界規模での本格的な食料不足となれば、日本も十分な量を確保できる保証はないとの危機感である。

政府案で決定的に欠落しているポイント

だが、食料・農業・農村基本法の改正にあたって政府が示した内容の柱は、①食料輸入が困難になる不測時に政府一体で対策を講じる体制・制度の構築、②主食用米からの転換や肥料の国産化、③食品アクセス問題への対応、④適正な価格転嫁を進めるための仕組みの創設――などだ。「農政の転換」という割には、インパクトに欠ける。

具体的には、食料供給が著しく不足する兆候が見られた段階で首相をトップとする対策本部を立ち上げ、コメや小麦、大豆など重要品目や数量を設定。商社やメーカーなどに輸入拡大や計画的な出荷調整を求める。生産者に対しても増産を要請する。必要に応じて政府が補助金を出す。事態がさらに悪化した場合には、事業者に食料確保に向けた計画策定、変更を指示できるようにし、応じなければ20万円以下の罰金を科すなどとしている。

もちろん、不測の事態となった際の生産者への増産要請など評価できる内容も少なくないのだが、日本農業の最大のウイークポイントは農業従事者の先細りである。担い手の激減という難題を解決することなしに、日本の食料安全保障は見えてこない。

農業の担い手不足は危機的だ。農林水産省によれば、基幹的農業従事者の平均年齢（２０２３年）は68・７歳だ。２０００年に２４０万人だったが、２０２３年には１１６万４０００人と半数以下となった。このうち、50代以下は23万８０００人に過ぎない。60代が24万３０００人（全体の20・９％）、70代以上が68万３０００人（同58・７％）を占めている。この年代は今後20年で引退することが予想されるが、そうなれば基幹的農業従事者は８割減る。影響は10年もしないうちに色濃く表れるだろう。

担い手不足は農地（耕地）の縮小に直結する。耕作放棄地や用途転用が進み、２０２３年は４２９万７０００ヘクタールとなった。最大だった１９６１年（６０９万ヘクタール）と比べ１７９万３０００ヘクタールほど少ない。毎年の減少が止まらないのだ。今後、基幹的農業従事者が激減すれば、農地面積はさらに急減するだろう。多くの人は意識していないだろうが、日本人は〝飢餓〟と隣り合わせなのである。

基幹的農業従事者数の年齢構成

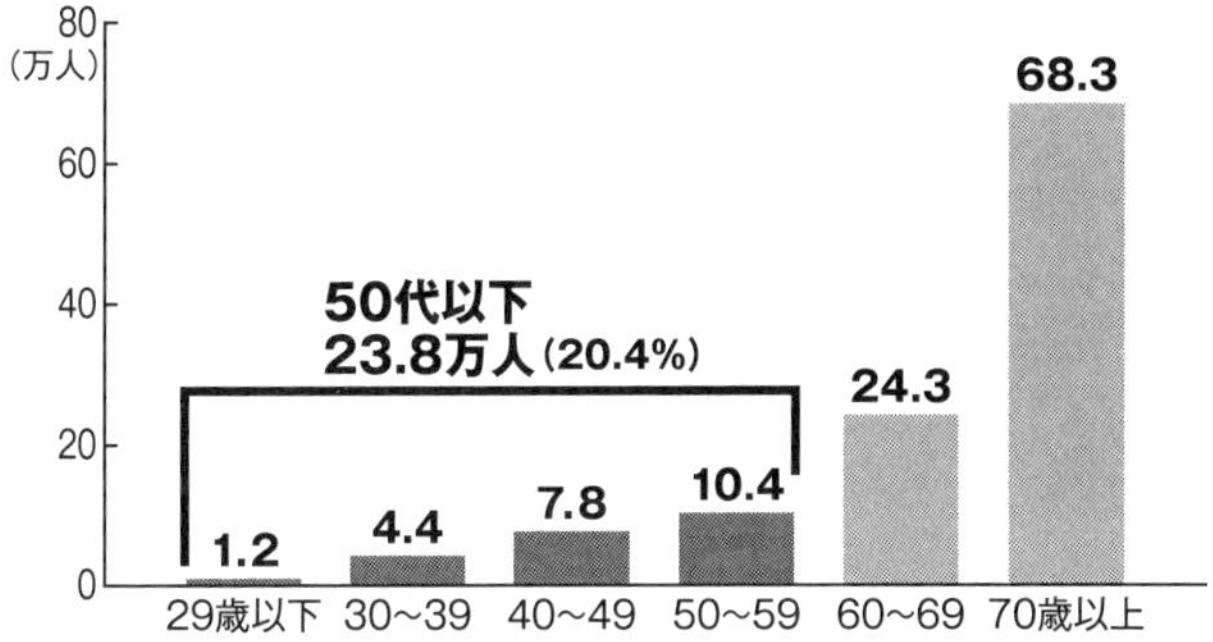

出所：農林水産省資料（2023年）

担い手不足の最大の原因は人口減少だ。経営の不安定さもあって若い世代の就農が進まず、高齢化が加速している。

　現在働いている基幹的農業従事者が引退した後、誰が耕作を続けるのか。日本の食料安全保障を強化するならば、真っ先に取り組むべきは担い手の確保である。

　これに対して政府は「多様な農業人材の育成・確保」としているだけで、「多様な農業人材」が誰を指すのか分からない。仮に兼業農家が増えたとしても、何を生産し、穀物生産力の向上につながるのかどうかは不透明である。

　外国人労働者の規模は拡大するだろうが、そのうちの何割が永住者や定住者として農地を守り続けるのか見通しがあるわけでもない。外国人労働者の場合、違う仕事に移っていく人が少なくないのが現実だ。

一方、政府は人材が不足する状況に対しては、農地を集約して作業効率を図ろうともしている。地域計画制度を創設し、将来的に利用する農用地を農業従事者ごとに定める「目標地図」の作成をすべての市町村に求めている。農地が分散していては、数少なくなる担い手が経営規模を拡大する際の支障になるというのが理由である。

だが、国土の狭い日本では中山間地など農地集約が難しい地域が広がっており、小規模農家が自宅近くの基盤整備がされていない小さな農地を懸命に守っているケースが多い。基幹的農業従事者の8割が60代以上であることを考えれば、目標地図で将来の耕作者を決めても、10年後にその人が耕し続けているとは限らない。

人口減少時代に即した農業経営モデルとは

新規就農者を増やすことや農地集約も大事だが、日本全体で勤労世代が激減してきていることを考えれば、農業従事者が減ることを前提として「農業」を考えざるを得ない。

農業は、生産性向上の「伸びしろ」が大きい。まずは徹底的な合理化を推進することだろう。経験と勘に頼った〝前時代的な農業〟から、データに基づく農業への転換が重要となる。データを使って新規マーケットの開拓やニーズを掘り起こすのである。小人数でも収益が増える経営モデルを確立するということだ。

人口が減っていくのだから、食料品の必要総量も減っていく。国民の高齢化で消費者が求める品種も変わるだろう。こうした消費者ニーズの変化を拾い上げることは不可欠である。例えば、消費者ニーズをデータ化し、どのタイミングでどのような農作物を、どれぐらいどの市場に出荷するのが最適なのか分析が必要だ。市場や気候変動に左右されない栽培方法や新種開発の促進も求められよう。新たな農機具を開発して、作業の機械化をさらに進めることも急務である。

政府はロボットや人工知能（ＡＩ）といった先端技術を活用したスマート農業の普及にも力を入れる考えを示しているが、食料安全保障の強化を謳《うた》う以上は、こうした取り組みを生産者任せにせず、政府が率先して進めるべきである。

経営の将来展望を描くことができなければ、若い世代の就農は思うように進まない。

「買い物難民」5人に1人は東京圏

——食品スーパー撤退で老後の〝サバイバル戦〟勃発

日本崩壊の予兆で最も見逃すことのできない「食」への影響だが、それは農業の話で終わらない。食料品が消費者の手元に届かないという状況が広がりを見せている。「買い物難民」の増加だ。

農林水産省の農林水産政策研究所が、店舗まで500メートル以上かつ自動車利用困難な65歳以上の高齢者を「食料品アクセス困難人口」と定義し、2020年国勢調査などのデータを基に分析した結果、該当者は904万3000人にのぼった。900万人を突破したのは初めてだ。

高齢者人口に占める割合は25・6％であった。高齢者の4人に1人が、食料品の購入が困難な「買い物難民」という異常な社会がすでに到来しているのである。

前回の推計（２０１５年）とは集計方法が一部異なるためデータに連続性はないのだが、単純に比較するならば９・７％増だ。社人研の将来人口推計は高齢者数のピークを２０４３年としており、買い物難民は今後も拡大を続けるものとみられる。

〝難民〟が増加した要因

買い物難民がここまで拡大したのには、いくつかの要因がある。

背景の１つとして挙げられるのは、75歳以上が５６５万８０００人（同人口の31・０％）と、買い物難民全体の62・６％を占めていることである。

70代後半や80代になると、大半の人は現役時代のような収入を得られなくなり、維持経費が高いマイカーを手放す人が増える。あるいは、加齢に伴う判断力や運動機能の低下で運転そのものが難しくなり、免許証を自主返納する人も多い。厚労省は２０４０年に高齢者の４人に１人以上が認知症（軽度認知障害〈ＭＣＩ〉を含む）になると推計しており、そもそも買い物に限らず外出そのものが難しくなっている人が増えている。

年を重ねるほど買い物難民になるリスクが高まることは当然のことではあるが、１人暮らし世帯が多くなったことも難民増加の要因だ。

3世代同居が一般的だった時代には、大半の高齢者は食料品だけでなく日用品購入を子ども世代に委ねていた。ところが、いまや頼める家族がなく、70代後半や80代になっても自分自身で買い物に出掛けざるを得ない人が増加しているのである。

日本の高齢化スピードは速い。総務省によれば2023年9月15日現在の80歳以上人口は国民の10人に1人にあたる1259万人だ。2035年には1607万人にまで膨らむ見通しである。

80代以上ともなれば配偶者を亡くしたという人が少なくないだろう。「人生100年」と言われるほどに平均寿命が延び、昔に比べて単身になってから過ごす年月が長くなった。加えて、若い頃からシングルのまま高齢期を迎える人も増えてきている。双方の要因が相まって今後は1人暮らしの高齢者が増え続ける見通しだ。それは同時に買い物難民も増えることを意味している。

5人に1人以上は東京圏に集中

食料品アクセス困難人口の6割は75歳以上

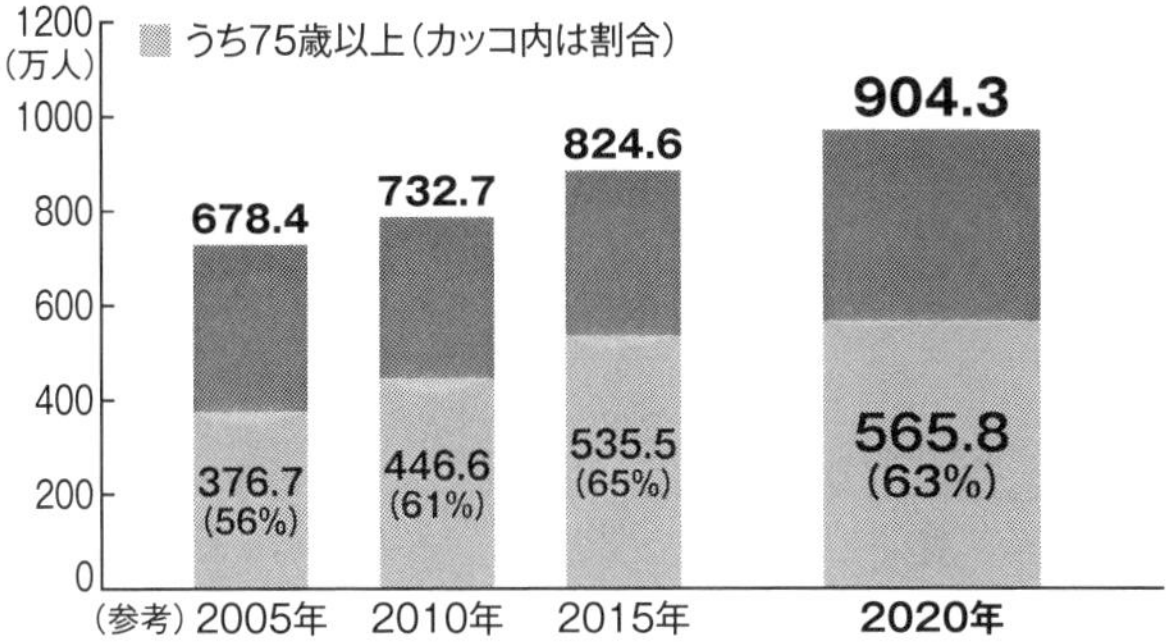

出所：農林水産省資料（2020年）

一方、買い物難民をエリアでとらえると、交通が不便な「過疎地の課題」と考える人が少なくないだろう。確かに、農林水産政策研究所の分析結果で各都道府県の高齢者に占める買い物難民の割合を見ると、離島が多い長崎県の41・0％を筆頭に、青森県37・1％、鹿児島県34・0％などが続いている。

しかしながら、実数で比較すると、これとは全く異なる順位となる。買い物難民の人数が最も多いのは神奈川県の60万8000人である。次いで大阪府53万5000人、東京都53万1000人、愛知県50万人など三大都市圏に位置する都府県が上位に並ぶ。これに対し、一番少ない鳥取県は4万3000人に過ぎない。

三大都市圏と地方圏を比較すると、買い物難民の人数は414万1000人と490万2000人と、大差がついているわけではない。買い物難民の45・8％は三大都市圏なのだ。

中でも東京圏に集中しており、買い物難民の5人に1人以上にあたる203万7000人である。店舗が多く便利な東京圏において買い物難民が多いことは不思議に思えるが、東京圏に高齢者が集中しているためだ。高齢者の絶対数が多ければ、買い物難民となる人も多くなるということである。

社人研によれば、東京圏の2020年の高齢者数は927万3000人で全国の高齢者の25・7％を占めるが、2050年は1160万人を超え3割ほどとなる。2020年から2050年の間に増える高齢者の6割以上は東京圏での増加である。今後の買い物難民は「東京圏の難題」になっていくことだろう。

目立つ食品スーパーの撤退

高齢者の増加に加えて買い物難民の数を押し上げているのが、高齢者の住居形態である。内閣府の「高齢社会対策総合調査」（2023年度）によれば、高齢者の76・2％が一戸建ての持ち家に住んでいる。現在の高齢者でマンションなどに住む人は少数派なのである。一戸建ての持ち家の場合、駅前などの商店街から少し離れた住宅地エリアに建っていることが多い。丘陵地やニュータウンとして分譲された土地に建っているものもある。こうした物件の場合、近所に商店がないというところが少なくない。マイカーを所有しなくなると途端に〝陸の孤島〟のようになってしまうのだ。

押し上げ要因は店舗側の変化にもある。各地で郊外に立地する大型商業施設が増加し、昔ながらの商店街は衰退してきた。このため住宅街近くにあった食品スーパーの撤退が東京圏も含めて目立つようになった。また、商店主の高齢化に伴い、住宅街近くにあった個人店が廃業するケースも相次いでいる。

コンビニとスーパーの中間規模の新形態の店舗を住宅街周辺に出店する動きも出てきてはいるが、全国で見ればまだ十分な数ではない。こうした形態の店舗も、ある程度の需要が見込める住宅密集地にしか出店しないものとみられる。

最近の公共交通機関の縮小も、買い物難民を生み出す要因として加わってきている。

農林水産政策研究所の分析は徒歩を前提としているが、東京圏でも路線バスの廃止や運行間隔の広がりが進んでおり、これまで公共交通機関を利用して何とか買い物をしてきた人たちにも困難さが増している。タクシーを利用して買い物をするという人もいるが、運転手不足で思うタイミングで出掛けることが難しい状況も出てきている。

このように、70代後半や80代の人にとって買い物をめぐる「環境」がどんどん悪化してきている。悠々自適な老後のつもりが、食料を求めての〝サバイバル戦〟を余儀なくされる。そうした人々が増えるのも人口減少社会のリアルだ。

年齢に関係なく「買い物弱者」が増えていく

買い物難民とは、高齢化で移動困難な人が増えるという「消費者側の変化」と、国内マーケットが縮小し小売店舗の経営が困難になるという「売り手側の変化」という2つの構造的課題が重なって起きているということであるが、これを単に高齢者の問題として片づけてはならない。

人口減少が背景にある以上、いずれ若い世代にとっても深刻な状況が広がる。国内マーケットは縮小を続けており、各地で小売業の淘汰が始まっている。すでに自宅からかなり離れた隣接市町村の大型ショッピングセンターに買い物に出掛けている人は少なくないが、今後は、ちょっとした品物が不足しただけで遠方まで買いに行かなければならなくなる可能性が大きくなることだろう。年齢に関係なく、自宅近くに買う場所がないという「買い物弱者」が増えそうだ。

買い物難民の増加を受けて、多くの地方自治体では対策を講じている。食料品の移動販売への補助や、スーパーマーケットやホームセンターなどを回る無料の送迎バスを走らせる事業を行っているところもあるが、人手不足で運転手の確保は難しい。利用者が少なくて採算が取れずに事業が打ち切られることも少なくない。

すべての食材をコストが高いネット通販で購入するのも家計指数が大きくなりすぎて現実的ではない。そもそも、これらの取り組みは、内需の縮小で店舗経営が難しくなるという根源的な課題を解決し得るものではなく、限界がある。

政府は、世界人口の爆発的な増加に伴う食料不足に備えて食料安全保障の強化を急いでいるが、食料を安定確保したとしても国民の手元にスムーズに届かないのでは意味がない。人口減少社会における食料安全保障は、もっと広義にとらえて対策を考える必要がある。

医学部の定員増が〝医師不足〟を生み出す皮肉

──医師偏在を引き起こす「患者不足」

医師不足地区が拡大している。だが、医師の総数が足りないわけではない。それでも「不足」するのは地域ごとに人口減少スピードの差があるためだ。こうした医療のひずみこそ、「国家崩壊の始まり」と言えよう。

医師不足が言われるようになって久しい。厚生労働省の「無医地区等及び無歯科医地区等調査」によれば、近隣に医療機関が存在しない「無医地区」は２０２２年10月末時点で全国５５７地区となり、２０１９年の前回調査と比べて33地区減った。

無医地区とは、おおむね半径約4キロ圏内に50人以上が住んでいる地区のうち、自動車などを利用しても1時間以内に病院などで受診できないといった医療へのアクセスが困難な場所のことである。

「実質的な無医地区」（無医地区＋準無医地区）は拡大

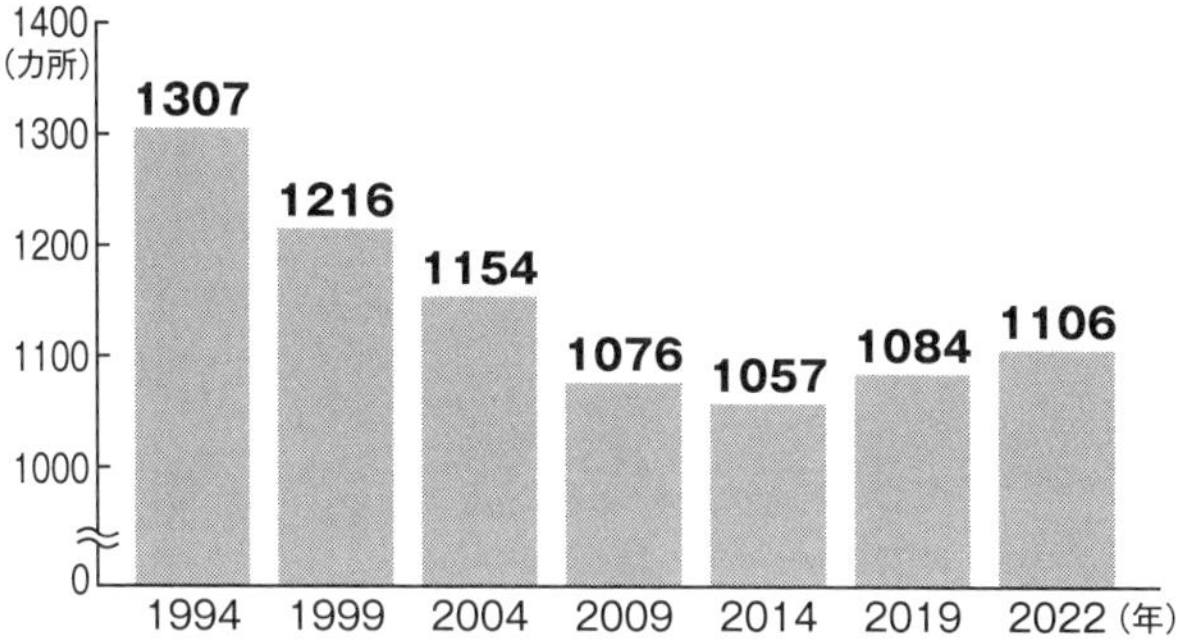

出所：厚生労働省資料（2022年）

１９６６年には２９２０地区だったが、医療機関が増えたことに加えて、医師派遣の仕組みが普及したり、道路の整備が進んだりしたことで減少してきた。

だが、これらの数字は実態を正確に反映していない。人口減少で住民が50人に達しない地区が広がってきたためだ。無医地区の指定要件を満たさない場所が増えているのだ。

そうした無医地区と同等の支援が必要な「準無医地区」は、１９９４年の３１０地区から２０２２年には１・７７倍の５４９地区に増えている。無医地区と準無医地区を合計した「実質的な無医地区」は、１９９４年の１３０７地区から一時的な減少期を経た後２０１９年に増加に転じて、２０２２年は

1106地区だ。無医地区は実質的には拡大しているのだ。

数年後に始まる「医師余り」

こうした数字を見れば、「即座に医師不足を解消すべき」となる。事実、地方自治体の首長などは政府に対し医師不足解消を要望している。

だが、実際には「不足」ではなく、数年後に「医師余り」へと転じる。「偏在」が一部地域に「不足」を生み出しているのである。

厚労省の推計によれば、医学部入学定員を2020年度の9330人で維持し、働き方改革を踏まえて「医師の労働時間を週60時間程度に制限」した場合、2023年に医学部に入学した人が医師になる2029年には需給バランスが均衡《きんこう》するというのだ。すなわち、翌2030年以降は「患者不足」に陥るということである。

人口減少が進むというのに、地方の要望に圧《お》されて過剰な医師養成を続けてきたのだから余剰になるのは当然だ。偏在解消を進めればよいものを、政治家たちは医療の充実は有権者へのアピール材料になるとあって、説明がしやすい医学部の定員増を積極的に推進してきたのである。

文部科学省によれば、医学部の入学定員は1982年および1997年の閣議決定で抑制され、2007年度は7625人だった。しかしながら臨時の定員増によって2009年度は8486人に引き上げられ、2010年度以降は「地域の医師確保等の観点」という名目で最大9420人にまで拡大された。直近の2024年度は9403人だ。

「医師多数地域」ほど医師が増える〝不都合な数字〟

地域の医師の確保が目的なので、政府は定員増を図るだけでなく医学部に「地域枠」を設け、目標医師数や医師確保に向けた施策を定める医師確保計画の作成を都道府県に求めてきた。

地域枠合格者は地元定着率が約9割と高く、「地域偏在」の解消には一定の成果を上げたが、医師を増やすという手法には限界がある。人口10万人あたりの若手医師数で見ると、とりわけ病院の勤務医においては多数県より少数県で若手が少ない傾向にある。

さらに不都合な数字は、2022年に厚労省が示した2016年と2020年の医師偏在指標の比較データだ。都道府県単位、二次医療圏単位のいずれも最大値と最小値の差がさらに開いていたのである（二次医療圏とは、一般的な入院治療が完結するように設定した区域。通常は複数の市区町村で構成される）。二次医療圏においては医師多数地域でより医師が多くなり、少数地域で少なくなっていた。

長時間労働などの〝自己犠牲〟は通用しなくなる

「医師不足」を生じさせる要因は地域の偏在だけではない。仕事がハードな外科や、少子化で需要が落ち込んでいる産科、小児科などのなり手が少ないといった診療科の偏在も存在する。

２０２４年度からは働き方改革にともなって医師の労働時間に罰則付きの上限が設けられたが、これは医療機関内の医師不足に拍車をかけそうである。医師１人あたりの仕事量が増え、これまでは現場を支える医師が長時間労働をすることでしのいできたが、こうした自己犠牲的なやり方は通用しなくなる。

こうした部分的な「医師不足」をことさらクローズアップして、医学部定員の削減に反対する勢力が少なくないが、そもそも日本全体としては医師が不足していないのだから地域偏在の解消効果が限定的であることを考えれば、医学部の定員増は社会としてはマイナスのほうが大きい。

弊害の1つが、医学部入試の劣化だ。出生数の減少ペースが速いので、18歳人口に占める医学部進学者は1970年が約436人に1人、2024年は約116人に1人だったが、2050年には約85人に1人となる。18歳人口の全員が大学に進学するわけではないので、分母を大学入試の受験生として計算し直せば、割合はさらに大きくなる。このままでは求める学力水準の受験生を集めきれない大学が出てこよう。医学部に合格できたとしても、国家試験に合格できなければ意味がない。

医師数が増えるにつれて医療費が伸びることも弊害だ。

医師数が過剰になるということは、単純化すれば医師1人あたりの医業収入が減るということである。医療機関にすれば収入の落ち込みを少しでもカバーするために患者1人あたりの医療費を高くしようとの意識が働きやすくなる。患者よりも専門知識を多く有する情報の非対称性を利用して、必要性の低い治療や検査が行われやすくなるとの研究結果もある。医師自身が医療需要を喚起する供給者誘発需要だ。

真に医師不足を解決しようと考えるならば、医師の養成数増といった安易な手段に流れるのではなく、問題の本質に正面から取り組まなければならない。それには偏在が生じる要因を解き明かすことが必要だ。実は、偏在で医師不足が起きている地域の多くでは、「患者不足」がすでに起きているのである。

民間中心の日本の医療機関には市場原理が働くが、病院や診療所も民間企業と同じく経営を維持するのに十分な患者数がなければ倒産・廃業に追い込まれるということである。近年は経営不振で負債を抱えて倒産するケースも目立っている。

一般的に高齢になるほど病気になりやすくなるが、社人研の推計によれば、65歳以上人口が2020年より少なくなる県は、2025年の10府県から2050年には26道府県に拡大する。

医療機関の場合、経営が苦しくなっても診療報酬という公定価格があるため、患者に価格転嫁できない。一方で高齢者人口が増える大都市圏は患者が激増し、別の意味での「医師不足」が生じる。このため、地方から大都市の医療機関の募集に応じて勤務先を変える医師や看護師が少なくない。医師や看護師が個人的に移るだけでなく、将来的な患者不足を懸念した地方の医療機関が、病院ごと東京に進出するケースも目立ってきた。

要するに、医学部の定員増によって医師が必要以上に輩出されると、地方では少なくなる患者を奪い合う競争が激化するのだ。それが患者の多い都市部への医療機関や医師の流出を促し、地方では過渡期の問題として〝医師不足〟が生み出されていくことになる。医師不足対策の強化が、かえって「医師不足」を生み出すという皮肉である。

「偏在」解消のための政策にも限界

医師を「地域住民」の1人としてとらえるならば、家族を含めた生活環境を考えるのは当たり前である。医師不足が起きる地域において不足しているのは医療機関だけではない。学校も介護施設も維持が難しくなっている。子どもの教育や親の介護など家族の暮らしの先々まで考慮し、生活が便利な大都市や県庁所在地などに勤務地を求めるのは医師以外の人と同じであろう。地方の「患者不足」が進むほど、医師や病院の大都市集中の加速が想定される。これらの事情が相まって、実質的な無医地区はさらに広がっていく。

こうした現実に対し、政府や自治体はオンライン診療を普及させることでカバーしようとしている。だが、触診や手術は原則として対面でなければできず、部分的な解決にしかならない。

医学部入試の「地域枠」の拡充や過疎地域の医療機関の診療報酬を手厚くすることも検討されているが、これも「現状維持」を前提とした考え方だ。

偏在解消は、ある程度の強制力をもった政策を講じなければ進まないだろう。だが、医師を強制的に派遣するとなれば反発は大きい。

しかも、仮に医師を公務員化して医師不足地域の勤務を一定期間義務付けたとしても、その地域の患者数の減少が止まるわけではない。過疎地に医療機関を維持させるだけでも多大な費用が必要となる。「患者不足」で十分な収入を見込めないとなれば、いつまでも続く話ではない。

それよりも、地域ごとに人口集約を図るほうが合理的だ。人口減少社会で問われているのは、医療を含む公的なサービスをどこまで提供すればよいかという線引きである。そろそろ社会全体で「最終ライン」を決めなければならない。

「全世代型社会保障」という幻想

──就職氷河期世代の高齢化で困窮世帯が激増

日本崩壊の萌芽は政府の政策にも内在しているが、最も分かりやすいのが社会保障制度だ。早くから対策に取り組んできた分野ではあるが、想定を上回る人口減少のスピードに打つ手がだんだんと限られてきた。

2024年は、団塊世代がすべて75歳以上となる年だ。「2025年問題」と誤認識が定着しているが、厳密には1年早い。

75歳を超えると大病を患う人が増えるため、今後の医療や介護をめぐる公費負担の急伸が懸念されている。内閣府は1人あたりの平均医療費が2019年比で2030年には10%増、平均介護費は34%増と予想している。2040年にはさらに膨らみ、それぞれ16%増、63%増になるという。こうした高齢者の激増が「2040年問題」として懸念されている。

2060年頃には80歳以上が約2割に

足元を見ても、総務省によれば2023年9月15日現在の75歳以上人口は2005万人だ。2000万人を突破したのは初めてであり、高齢者の総数（3623万人）に占める割合は55・3％である。

平均寿命が延びており、「より年配の高齢者」が増えている。総人口に占める80歳以上人口の割合は10・1％だ。社人研の将来推計によれば2060年頃には総人口の約2割に達し、5人に1人が該当するようになる。

「より年配の高齢者」の増加は社会保障費の膨張に直結するため、政府は早くから年金、医療、介護について負担増とサービスの縮小の両面からの改革を進めてきた。

だが、社会保障費の自然増の伸びを抑制する手法には限界がある。度を越せば制度として機能しなくなるためだ。そもそも利用者増が大きすぎるため、伸びる分を改革による抑制分では賄いきれない。一方、出生数の減少は政府の想定を上回るスピードで進んでおり、現役世代が高齢者を支える現行の社会保障の仕組みは早晩行き詰まる。

そこで、政府が「次なる手」として考えたのが全世代型社会保障である。「給付は高齢者中心、負担は現役世代中心」という構造を改め、年齢を問わず個々の負担能力に応じて支える形にしようというのだ。

政府は75歳以上の人に対し、後期高齢者医療制度の保険料引き上げに加え、出産育児一時金を42万円から50万円に引き上げるための財源の一部も負担させた。さらに、医療費窓口負担を原則2割に引き上げる構えだ。

本来ならもっと早く抜本改革すべきだったが

問題は、現役世代の人数が著しく減っていることだけではない。賃金上昇が進んでこなかったため、社会保障費の伸びが雇用者総報酬の伸びを上回る状況に陥っており、現役世代に過度の負担を求める状況になっている。

本来ならばもっと早い段階で社会保障制度を抜本改革する必要があったはずだが、政治の不作為があった。選挙への影響を懸念する国会議員には、高齢有権者に不人気な政策を敬遠する傾向が強い。このため、世論の反発が強い増税を避け、国民が気づきにくい給与天引きで社会保険料を引き上げるという姑息な手段を繰り返してきたのである。

このため、現役世代が負担する社会保険料は急上昇してきた。財務省が協会けんぽを例に挙げているが、報酬に占める割合は２０００年には22・7％だったが、２０２３年は30・1％だ。２０４０年には32・6％になる見込みである。

この結果、国民負担率も上昇し、２０２４年度の国民負担率は45・1％と所得の半分近くを占めている。収入が増えても税金や社会保険料として半分近くが消えて行く現状は、現役世代のやる気を削ぐ。ＳＮＳ上には「五公五民」といった若い世代の不満の声が渦巻いている。

決して楽ではない高齢者の暮らし

だが、全世代型社会保障への移行は政府の思惑通りには進みそうにない。高齢者の暮らしも決して楽ではないからだ。

厚生労働省の国民生活基礎調査（２０２２年）によれば、高齢世帯の平均所得金額は

318万3000円で、「高齢者世帯以外の世帯」の665万円と比べて半分程度である。

一方で、世帯人員1人あたりの平均所得金額は、65歳以上が206万5000円に対し、29歳以下は245万1000円、30代は221万9000円、40代は239万5000円で大きな差があるわけではない。こうした点が「全世代型」を目指す理由の1つとなっている。

しかしながら、年齢を重ねるにつれて所得は減り、70歳以上は194万6000円だ。厚生労働省の別資料によれば、75歳以上の過半数は150万円未満である。

しかも、公的年金制度には将来の年金財政や現役世代の負担を考え、「マクロ経済スライド」という仕組みで年金の給付額を物価や現役世代の賃金の伸び率よりも抑制する。物価高の伸びに年金額の上昇が追いつかないということは、実質的な減額である。「マクロ経済スライド」によって、年金受給世帯における相対的貧困率（等価可処分所得の中央値の半分に満たない世帯員の割合）が高まることを懸念する声もあるのだ。

公的年金が収入の主柱である高齢者は、支出が増えたからと言って簡単に所得を増やせるわけではない。

働く高齢者は珍しくなくなったが、現役時代のような水準の所得を得られる人は稀《まれ》だ。岸田文雄首相は「インフレ率を超える賃上げの実現」を訴えているが、週に数日働いて年金収入の足しにしている高齢労働者の懐がそう簡単に潤《うるお》うわけではないだろう。

「老後資金2000万円問題」が大きな話題を呼んだことでも分かるように「公的年金だけでは暮らしていけない」という人が大多数である。勤労所得を増やすことが難しく、年金受給額はインフレ率を下回るように調整されるダブルパンチだけでも大変なのに、全世代型社会保障改革によって医療や介護の高齢者負担増が加わったのではトリプルパンチとなる。現在のような急速な物価高に見舞われる局面においては生活に支障が生じる人も出てこよう。

全国民から「薄く広く」徴収することにも限界

年金受給者は、現役世代よりも住民税非課税世帯の対象となる所得要件が甘いとはいえ、高齢世帯の3分の1ほどが住民税非課税世帯となっている。非課税世帯は医療費や介護費の自己負担軽減、政府や地方自治体の給付金や補助金の対象になりやすいといった恩恵も少なくないため、最近では老後不安への対策として、あえて住民税非課税世帯を目指す人まで登場している。

高齢者も含めた全国民から「薄く広く」というのは無理があるのだ。いくら2040年代初頭まで高齢者数が増加すると言っても、高齢者の負担能力の低さを考えると現役世代の負担を大幅改善できるほどにはならないだろう。

高齢者には裕福な人もいるが、富裕層に対しては「全世代型」を語るまでもなく「現役世代並み」の負担がすでに課されている。仮に富裕層にさらなる負担を求めることになったとしても、対象人数は限られる。

内閣官房によれば、家計金融資産の6割超を60代以上が保有する。このため、高齢者に関して「所得だけでなく、保有資産も自己負担割合を決める算定基礎にすべきだ」との意見は少なくない。だが、これもハードルは高い。資産といっても預貯金や金融商品など換金性の高いものばかりではないためだ。多くは自宅の土地・建物である。不動産の場合、資産価値が変動しやすいという難点もある。むろん1000万円を超す現預金を保有する高齢者も少なくないが、その大半は公的年金の不足を補う老後資金としてコツコツと貯めてきたものだ。

「就職氷河期世代」が迎える厳しい老後

全世代型社会保障が一筋縄で行かない理由は他にもある。これから高齢者になる就職氷河期世代は、現在の高齢者より老後生活が厳しくなると見られていることだ。

「厚生労働白書」によれば、2019年時点における35〜44歳人口約1637万人のうち36・3%が無年金・低年金の予備軍だという。これらより少し上の世代も、長引く日本経済の低迷の影響でリストラされたり、勤務先が倒産したりして非正規雇用者となった人は少なくない。

政府が就職氷河期世代にいまさら就労支援をしても、若年期に失った「時間」を取り戻せるわけではなく、間に合わない。このままでは生活保護受給者が激増しそうだ。就労支援から老後生活を直接サポートする福祉政策の強化に切り替える必要がある。

高齢者に負担増を求めるどころか、貧困に苦しむ〝将来の高齢者〟をどう支援し、その財源をどこから確保するかということが「2040年問題」の主テーマなのである。

就職氷河期世代の3分の1は無年金予備軍

2019年時点の35〜44歳（1637万人）の雇用形態の内訳

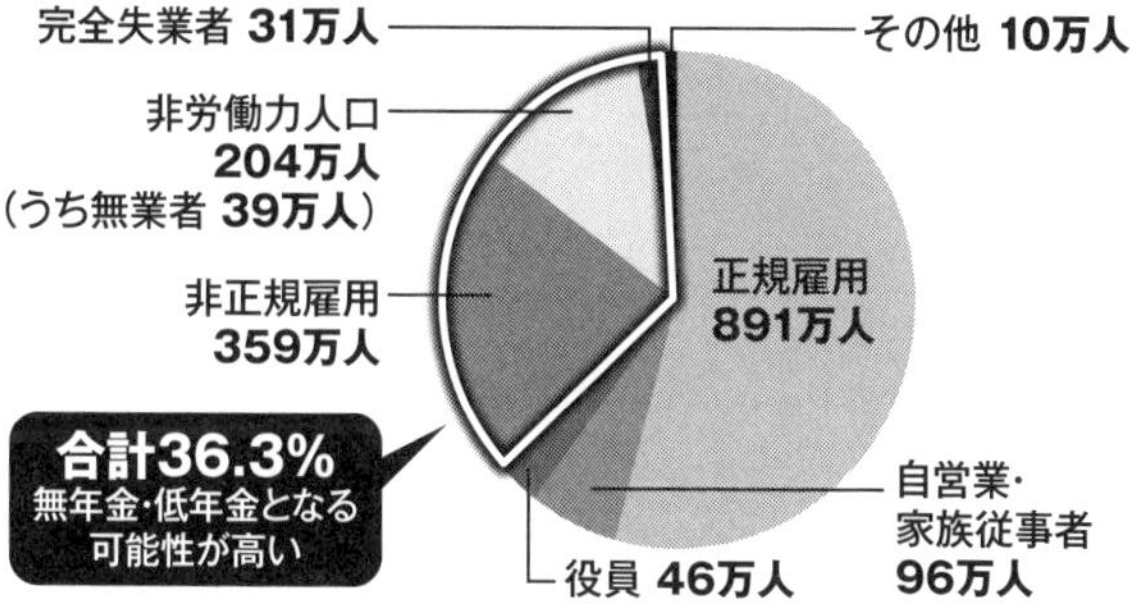

出所：2020年度版厚生労働白書

そうでなくとも、少子高齢化や人口減少の加速に伴って新たな財源を必要とする社会保障上の課題が登場してきている。速すぎる出生数の減少スピードを踏まえれば、子育て支援策はさらに手厚くせざるを得ないだろう。慢性的な人手不足や低所得者支援などにも多くの予算が必要となる見通しだ。

現役世代への過度な「しわ寄せ」は是正すべきではあるが、どの年齢層もゆとりのある人は多くはない。その中で世代間の負担の押し付け合いをしても根本解決にはつながらない。全世代型社会保障というのは最初から「計算の合わない話」なのである。さすがに、政府も全世代型社会保障改革だけではうまく行かないと考えたのだろう。最近は「資産運用立国」を掲げ、国民に投資を促し始めた。

家計金融資産の半分を占める預貯金を投資に回るようにし、経済に活力を与えるインベストメントチェーン（投資家の投資対象となる企業が中長期的な価値向上によって利益を拡大し、配当や賃金上昇が最終的に家計に還元される一連の流れ）をつくりあげたいということだが、「公的年金だけでは老後資金は不足するので、足りない分は自助努力で調達してほしい」という本音が透けて見える。「資産運用立国」とは、政府が実質的な年金破綻宣言をしているようなものである。

あえて投資をしない国民が多かったのには、それ相応の事情がある。とりわけ60代以上にとって投資は負担が大きい。若い頃ならば株価が長期低迷したとしても我慢して値上がりを待つという選択肢も取りやすい。だが、高齢になってからの投資はそうはいかない。元本割れしない金融商品を選んだほうが無難と考える人が多くなるのは自然だ。「資産運用立国」を否定するつもりはないが、日本社会は少し年を取りすぎた。社会保障制度改革の本筋は経済成長である。制度を切り刻むような〝禁じ手〟を繰り返すより、人口が減っても日本経済が力強く伸び続けるよう産業の構造改革を進めることのほうが近道である。

第3部

人口減少を逆手に取る

試されるのは日本人の「覚悟」

第2部で見てきたように日本の崩壊が顕著となってきた。近年の出生数の激減傾向を考えれば、この先の社会は激烈な変化に見舞われることとなる。このまま「現状維持」にこだわり続けたならば、この国は終わってしまう。

日本の人口減少が出産期の女性の減少という構造的な問題で起きている以上、何百年も先まで人口減少を落ち着かせることはできない。

こうした「不都合な現実」から目を背けていては、正しい対策が打てるはずがない。われわれは「人口減少に耐え得る社会経済」への変革を急ぎ、激変を緩和せねばならない。

人口が減って行けば、日本経済は中規模国となるだろう。それでも豊かな国であり続けるにはどうすればよいのか。日本が突き付けられている命題は極めて難しい。

だが、悲観することはない。日本より人口が少なくても豊かな暮らしを実現している国はいくつもある。ヨーロッパの小国に学び、人口規模に応じた社会を構築し、人口規模をはるかに上回る経済発展を実現すればよいだけだ。人口減少をむしろ梃子《てこ》にして、「縮ん

7つの活路

- **1** 外国人依存脱却
- **2** 女性の戦力化
- **3** 1人あたり利益向上
- **4** 高付加価値化
- **5** 海外展開
- **6** 30万人生活圏
- **7** 地域集住

で勝つ」ことである。

それには全く新しい国を立ち上げるぐらいの大手術が必要となる。日本の再生はこれまでの成功体験を捨て去ることなしには成し遂げられない。日本人の覚悟が試される。

国内外に成功事例を求め、真似ようとする人々も多いが、日本は「課題先進国」である。そんな都合のよいものが見つかるはずがない。日本人が自ら考え、独自に解決策を編み出していくしかないのだ。それは日本の未来を決める作業でもある。

〝船底に穴が開いた宝船〟を救うには

「不都合な現実」を見ないようにして変革を避けていればどうなるのか。経済産業省の報告書がこれまでと同様の経済政策、企業経営を続けた場合の未来を予測している。社会経済は当面安定するものの、実質賃金やGDPは横ばいにとどまり、新興国に追いつかれて国際社会の中で「豊かではない」状況へと沈み込んでいく可能性が大きいとしているのだ。

しかも、国内が貧しくなることで経済的資源やインフラが不足するようになり、資源小国の命綱である技術開発力の衰えが深刻化して「日本は世界と勝負できなくなる恐れ」が出てくるという。結果として「社会の安定性すら失われる恐れがある」とまで警告している。日本はこれ以上立ち止まることは許されないということだ。

随所で崩壊が始まった現在の日本を例えるならば、船底に穴が開いた宝船だ。このままではどんどん浸水し、乗組員も荷物とともに海の藻屑《もくず》となる。

こうした状況下で何をすべきか。答えは簡単だ。沈むスピードを少しでも遅くするために積み荷の財宝をどんどん海中に投げ捨て、時間を稼いで船底の穴を塞《ふさ》ぐことである。残すものと捨てるものとに分け、海に投げ捨てる順番を決めなければならない。

人口減少日本にあっても事情は同じだ。「現在の日本」をそのまますべて残すことはできない。企業であれ、地域であれ、一度テーブルの上にすべてを並べて整理することが必要となる。その上で、残すと判断したものに対してリソース（人材や資金などの資源）を割き、磨きをかけてこれまで以上に価値あるものにすることだ。

私はかねてこれを「戦略的に縮む」という成長戦略として提唱してきた。人口減少が進んでも日本が豊かさを維持するには、世界と「勝負」できる分野において〝圧倒的な優位性〟と〝存在感〟を示し続けることである。

「量的成長」から「質的成長」へ

「戦略的に縮む」という成長戦略を成功に導くには、2つの大変革に挑まなければならない。1つはビジネスモデルの転換だ。もう1つは国土形成（街づくり）の在り方の見直しだ。「地方」や「地域社会」の破壊的創造と言い換えてもよい。

どう作り直すのか、ビジネスモデルの変革からその大きな方向性を説明しよう。

経済を成長させる2大要素は、「人口の増加」と「イノベーション」である。前者は量的成長を、後者は質的成長を実現させる。

勤労世代が増えていた人口増加時代は、労働集約型ビジネスモデルによる量的成長の成果を出しやすかった。人口が増えるということは消費者数の増加でもあるため、黙っていても売上高や利益は拡大する。どんどんと若い世代が誕生するので、消費者の世代交代も進み、次々と画期的な新商品を提供しなくとも業績を維持・拡大できた。なかなかイノベーションを起こせない企業でも、それなりに成長できたのである。

翻《ひるがえ》って今後の日本はどうか。総人口は毎年100万人ずつ減って行く。勤労世代（20〜64歳）に限れば、2020年から2070年の50年間で4割ほど減る見通しだ。経済を成長させる2大要素のうち、人口増加はもう期待できない。

選択肢は質的成長しか残されていないということである。人口が減っても日本経済を成長させようと思えば、労働集約型のビジネスモデルを改め、少ない人数でイノベーションを起こし続ける必要がある。人口減少社会においては、売上高を伸ばさなければ利益を上げられないビジネスモデルは続かない。求められるのは、売上高が少なくとも、1人あたりの利益を伸ばせるモデルである。

いまや円が売られ、投資マネーは成長を期待できるドル経済圏へと流れている。世界の投資家の目に日本は「人口減少によって衰退し、先進国の座から脱落しかねない」と映っていることだろう。これを払拭《ふっしょく》するには、人口が減っても日本は成長し続けられるということを日本人が証明してみせるしかない。

もし、日本が変化を嫌い、世界の投資マネーを呼び込むことができなくなれば、人口減少以上のスピードで日本経済は縮小するだろう。そうなれば、円は通貨として力を失い、輸入もままならなくなる。ビジネスモデルの転換によるイノベーションの実現は待ったなしなのだ。

最大のダメージは「消費者の減少」

「戦略的に縮む」という成長戦略を成功に導くのに必要な大変革の2つ目である国土形成（街づくり）の在り方に話を転じよう。

人口減少がもたらす弊害はさまざまあるが、最大のダメージは消費者の減少だ。どんな事業であっても存続するのに最低限必要なマーケット規模というものがある。そのボーダーラインを割り込めば、民間事業者は事業を続けることができなくなり、廃業や撤退に追い込まれる。医療機関や介護施設も例外ではない。理髪店やガソリンの給油所がなくなり、何十キロも先まで出かけざるを得ないという事例がすでに各地で登場している。

公共料金や公的サービスは値上げせざるを得なくなる。あるいは、鉄道やバスが減便したり路線の一部を廃止したりしているように、サービスの劣化が進む。

消費者数が減るということは地域住民が少なくなることとイコールだ。それは地方自治体の税収不足に直結する。勤労世代の減少の影響は地方公務員にも及んでおり、行政のマンパワー不足が行政サービスの劣化に拍車をかける。

消費者不足は、政策では如何《いかん》ともし難い。しかも、人口減少は全国一律で進むわけではなく、消費者不足は過疎エリアほど早く進む。いまや過疎地域だけでなく地方都市でも影響が顕在化してきている。今後は県庁所在地など各地の人口30万人程度の都市でも目に見えて人口が減少して行くので、消費者不足はさらに広範に起きることとなる。

消費者不足が深刻化している地域に住む人々にすれば、徐々に不便さが増すだけでなく、人口が減れば減るほど生活コストが高くつくようになる。結果として、不便さや生活コストの高さに耐えかねた人々が都市部へと流出するようになり、状況は一層悪化する。

社会機能が破綻してしまうと崩れ行く目先の課題に追われることとなり、「戦略的に縮む」という成長モデルの展開ができなくなる。成長の態勢を整えるためには、社会がなんとか機能しているうちに「地域をどう生き残らせるのか」を考えることだ。

人口減少が止まらない中で、地域を生き残らせるにはどうすればよいのか。最大のポイントは、暮らしていくのに必要な商品やサービスを提供する事業者が立地し続けられる程度の商圏規模（消費者数）を維持することだ。

戦後の日本は国土開発に邁進《まいしん》し、居住エリアを広げてきた。だが、国土交通省によれば2015年時点で有人地域だった地点の18・7％が2050年までに無居住化する。人口が50％以上減る地点も32・3％に上る。広げすぎた居住エリアを畳まなければならない局面に転じたということだ。それには、エリアごとに人口を寄せ集めて、いくつもの「生活圏」をつくる〝多極集住〟の国土形成が求められる。

弥縫策や〝周回遅れ策〟は捨て去れ

ここまで「戦略的に縮む」という成長戦略に不可欠な2つの大変革の大まかな方向性について述べてきた。そこで、以下では何から進めていけばよいのかについて具体的に示したいと思う。

私は人口減少問題に四半世紀にわたって取り組んできた。エキスパート、研究者としての視座で展望した未来図をベースとして「戦略的に縮む」という成長モデルを成功に導く手順を「7つの活路」として提言する。

それは目先の課題の解決策とは異なる。もう少し先を見据えた「救国のシナリオ」だ。「人口減少対策」と称して政府や地方自治体、企業などが現在展開している政策や経営方針には、根本解決とは程遠い弥縫策のようなものが少なくない。

政府や地方自治体、企業などの担当者の名誉のためにあえて言及するならば、致し方ないところもある。地方自治体の首長や企業経営者などは、目の前の課題を解決するのが「仕事」だからだ。

だが、メディアに周回遅れのアイデアが数多く掲載されていることもあって、弥縫策を根本解決策だと信じ込んでいる人たちもいる。目の前の課題への対応を迫られ、思いつきのような政策でお茶を濁《にご》している事例も多い。根本解決につながるわけではない政策を講じて安心し、真の取り組みが疎《おろそ》かにされれば日本は沈没してしまう。

足踏みならばまだしも、人口減少対策の名のもとに進められている政策には、長期的にとらえると、かえって状況を悪化させるものが少なからず含まれている。取り返しのつかない事態に陥りかねないものもある。そこで「7つの活路」では、人口減少対策だと称して展開されている政策のズレや問題点も明らかにする。

政策が周回遅れとなるのは、人口減少問題に対する理解の不足によるところが大きい。一度決めた方針を途中で修正できないといった組織の硬直性も要因だ。

人口減少のスピードは速くなってきており、対策の成果が表れるまでに政策が古びてしまうということもある。

私自身も、かつての提言の修正を迫られたり、取り下げざるを得なくなったりすることが増えてきた。高い視座に立って超長期にわたる問題の本質を見抜くことは、状況に応じて政策や考え方を不断に見直していくためにも不可欠なのだ。政府や地方自治体、企業などが足元の課題解決のために応急対策をとるにしても、長期的に進むべき道をしっかり理解しているのと、していないのとでは全く違う。

【第1の活路】

外国人依存から脱却せよ

――量的拡大という「成功体験」を否定する――

第1の活路は、外国人依存からの脱却である。

日本人の働き手不足が顕著になってきたことを受け、政府は外国人政策を大転換させようとしている。これまではスキルの乏しい人材の定住に慎重だったが、経済界の強い要望に応えるべく、これを180度改めた。

手始めに、法改正によって母国で活躍する人材を育成するという趣旨と乖離している技能実習制度を〝発展的に解消〟して「育成就労制度」を新設した。転職制限を緩和し、熟練技能者に事実上の永住権と家族の帯同を認めている特定技能制度の在留資格「特定技能2号」の対象を拡大。単純労働者にも、永住に道を開く長期就労を可能にしたのだ。

政府は、長期就労できる単純労働者をどれぐらい受け入れようとしているのか。岸田文雄首相は国会で「政府としては、国民の人口に比して一定程度の規模の外国人およびその家族を期限を設けることなく受け入れることによって国家を維持していこうとする、いわゆる移民政策をとる考えはありません」と答弁した。だが、政府の〝本音〟は社人研の「日本の将来推計人口」(2023年)から窺い知ることができる。第1部でも指摘したように、2070年の外国人人口は939万人となり、総人口の10・8%を占めるようになろうとしているのだ。

外国人の永住への道を開く「特定技能2号」の拡大案を与党に示したのとほぼ同じタイミングで公表したのは偶然ではないだろう。社人研の推計からは「多民族国家」への〝実質的なシミュレーション〟の印象を受ける。

実は、2014年にも、政府は安倍晋三首相が「2060年に1億人程度の人口を維持する」という目標を示したのを受けて、「移民を毎年20万人」受け入れ続けた場合のシミュレーションを行ったことがある。

この際は自民党の猛反発に遭《あ》い、安倍首相は移民政策を否定した。しかしながら、政府はその後も「移民ではなく外国人労働者」として、外国人の受け入れ拡大を着実に進めてきた。政府内には人口減少対策としての移民受け入れ論がくすぶり続けているのである。

経済界にも外国人を人口減少対策の「切り札」のように語る人は少なくない。「人口8000万人の国家を目指すべきだ」といった主張をする人までいる。私は講演先で「日本の人口は何千万人ぐらいが適正規模なのか」という質問を受けることもあるが、これらも同じ発想だ。人口が激減していく日本で人口規模の目標を置くならば、外国人を大規模に受け入れるしか達成のしようがない。

だが、それは幻想だ。外国人の受け入れ拡大では日本の人口減少は解決しない。日本人人口の減り幅のほうがはるかに大きいためだ。

長期的なダメージのほうが大きい

社人研の将来推計（中位推計）によれば、日本人人口は2020年の1億2339万9000人から、2070年には7760万6000人に減る。年平均91万5860人の減少である。第1部で指摘したように、これに釣り合う規模の人数を日本に送り出す余裕がある国など存在しない。

外国人労働者は、条件の良い仕事を見つけて渡り歩く。数年の滞在で帰国する人が大半だ。来日者が増えたからと言って、単純に人口が増えるわけではない。

外国人の大規模受け入れは人口減少の歯止めになるどころか、労働者不足も解決しない。社人研の推計によると、20～64歳人口は同期間に3127万8000人少なくなる。単純計算すれば年平均62万5560人の減少だ。在留資格の要件を緩和することによって外国人労働者はそれなりに増えるだろうが、日本の人手不足は続く。外国人を積極的に受け入れたとしても結局は中途半端な規模に終わるというのが関の山だ。下手すれば文化的軋轢《あつれき》など日本社会に混乱だけをもたらすこととなる。

外国人を大規模に受け入れる弊害は少なくない。それについては第1部で述べたのでここでは繰り返さないが、人口減少日本にとっての最大の問題点は量的成長の発想に立っている点だ。多くの企業が外国人労働者に対して「安い労働力」として期待しているが、それは典型的な「現状維持バイアス」である。

外国人労働者を中途半端な規模で受け入れ続けて、短期的に部分的な量的成長を実現できたとしても、最終的にはうまく行かなくなる。それは日本経済や日本企業にとっては長期的なダメージとなる。その分、質的成長への本格的な転換のタイミングが遅れていくからだ。「安い労働力」を確保することで生産性の低さをカバーする手法を終わりにしなければならない。そのことが人口減少日本を勝利に導く1歩目となる。

人口が減る日本にとっての活路は、外国人の受け入れによる辻褄合わせでは開けない。人口減少日本を本当に強い国にしようと思うならば、「日本人が減るなら、外国人で補えばよい」という安易な考え方は厳に慎むべきである。

それよりも、「戦略的な縮小」による成長モデルのほうが、豊かな国であり続けられる可能性は圧倒的に大きい。現在を生きる人々の目先の利益のために構造改革のチャンスを逸《いっ》し、「日本の未来」までを台無しにするようなことはあってはならないということである。

誤解をしていただきたくないが、私は質的成長に資する高度な技能を持つ外国人人材まで否定しているわけではない。高度人材については、むしろ国を挙げて積極的に受け入れ拡大を図る必要がある。移民戦略を立て、自国にとってメリットのある有益な人材のみ受け入れている国もある。

だが、人口が激減する日本は各国とは事情が異なる。外国人の受け入れ方についてはどこまでも慎重であらねばならない。一時的なムードに流されず、したたかさが求められる。

【第2の活路】

女性を「安い労働力」から「戦力」に転換せよ

——労働集約型ビジネスモデルは続かない——

第2の活路は、外国人労働者と同じく、女性や高齢者を「安い労働力」として当て込まないということである。性別や年齢に関係なく、質的成長に向けて個々の能力を最大限生かす必要がある。

生産年齢人口（15～64歳）のピークは1995年の約8716万人だ。生産年齢人口が総人口に占める割合は1992年の69・8％が頂点であった。総務省の人口推計によれば、2023年10月1日時点でそれぞれ7395万2000人と59・5％に下落している。

本来ならば日本経済は質的成長に切り替わっていてもよいはずだが、いまだ多くの業種では量的成長を目指し、シェア争いを繰り広げている。

理由は、生産年齢人口が減る中で就業者数が増えたためだ。1995年と2023年を比較すると生産年齢人口は1321万人減ったが、就業者数は6457万人から6747

万人へと290万人増加する逆転現象が起きた。

量的成長とは「人口規模×労働参加率」で決まる。日本企業の多くは男性の働き手が目減りした分を、女性と高齢者の労働参加率を高めることで補ったのだ。〝痛み〟を伴う質的成長への転換を避け、量的成長を続けるという安易な道を選んだのである。

かつて女性の労働参加は進んでいなかった。就職しても結婚や出産をきっかけに退職するのが一般的であった。これに対して、企業はもとより政府も政策で女性の就業促進を後押ししてきた。いまだ十分とは言えないが仕事と家事・育児の両立支援が拡充され、結婚や出産・育児を機に仕事を離れる女性はかなり減った。デフレ経済で賃金の上昇カーブが抑え込まれたことが女性の就業を押し上げた側面もある。夫婦共働きが一般化し、世帯収入で家計をやり繰りする家庭が増えた。

他方、高齢者の就労が進んだ背景には、高齢者人口が伸び続けていることがある。年金の受給開始年齢が段階的に引き上げられたのに伴って定年年齢は上がり、雇用延長の仕組みも整って、仕事が見つけやすくなったのだ。超長寿の時代となり、長すぎる老後を考えると年金受給額だけでは老後資金が十分ではないといった高齢者側の事情も手伝って、60

代以降も働く人が急速に増えた。

　女性や高齢者が伸びたのは、潜在労働力人口がそれだけ多かったということであるが、今後は簡単に行きそうにない。「伸びしろ」があまり残っていないからだ。

今後増える「80歳以上」に期待するのか

　２０２３年の15～64歳の女性就業者数を２０１３年と比較すると２１２万人増えている。同期間の同じ年代の男性が69万人減ったことを考えれば目を瞠《みは》るものがある。高齢者も６３７万人から９１４万人へ１・４３倍増となっている。総務省の「統計からみた我が国の高齢者」によれば、２０２２年の日本の高齢者の就業率は25・２%で主要国の中では韓国の36・２%に次ぐ高い水準となっている。

　女性の場合、結婚や子育てで仕事を離れることで30代の就業率が大きく落ち込む「M字カーブ」が長年の課題であったが、内閣府によれば２０２３年の女性の就業率は25～29歳の84・７%に対して、30～34歳が80・１%、35～39歳は78・１%となっており、かなり解消してきている。

社人研によれば高齢者人口は2043年までは増え続ける見込みだが、2020年に1743万人だった65~74歳人口は減り始めており、2030年には1435万人となる。その後は増減を繰り返しながら中長期的には減って行く。今後、増えるのは80歳以上だ。高齢者の雇用拡大を当て込んでいくということは、より年配の高齢者に労働参加を求めていくということである。だが、いくら元気な高齢者が増えたとはいえ、これは現実的でないだろう。

今後は労働供給の増加余地が縮小していくということである。

天井が見え始めたということは総務省の労働力調査も示している。2023年の就業希望者（就業を希望しているが、求職活動をしていない15歳以上の人）は233万人である。仕事を探している完全失業者178万人と合計すると411万人となる。これに対し2003年は就業希望者が530万人、完全失業者が350万人で、その合計は880万人だったので、20年間で半減している。

人手不足の深刻化により、女性や高齢者の労働参加への期待はこれまで以上に膨らむだろう。政府もこれに応えるべく、女性がさらに働きやすい環境づくりを推進し、高齢者が働く意欲を失わないよう65歳以降の賃金に応じて厚生年金が減る「在職老齢年金制度」の見直しを図る方針だ。だが、増加余地の縮小が続くことを考えれば、その効果は限定的だろう。女性や高齢者の労働参加率を上げることで人手不足を補うという手法は長続きしない。

「年収の壁」の背景にある企業の本音

男性労働力の不足を補う「代替要員」と考える政策の限界が見えてきたことは質的成長へと各企業が経営モデルを改めるチャンスとも言える。女性や高齢者を当て込んできたこれまでの手法には重大な問題点があった。多くの企業が〝使い勝手〟のよい「安い労働力」とみなして来たことだ。人口減少社会で活路を見出したいのであれば、これは即座にやめなければならない。

それは「年収の壁」に典型例として表れている。「年収の壁」とは、パート労働者が年収で「106万円」(月収8万8000円)や「130万円」(月収10万8000円)を超えると厚生年金の保険料負担が発生したり、配偶者の社会保険の扶養対象から外れたりすることを指す言葉だ。手取り額が少なくなることを避けるために、就業時間を調整する人が後を絶たないのである。

パート労働者個々の判断による問題ではあるのだが、背景には企業側の思惑もある。主婦パート労働者は喉から手が出るほど欲しい〝貴重な戦力〟だ。しかし、保険料は労使折半となっているので、厚生年金に加入するパート労働者が増加すると経営への打撃が小さくない。このため、厚生年金加入者を増やしたい厚生労働省が「壁」の基準額を引き下げようとすると、パート労働者を多く抱える企業が反対の声を強めるということが繰り返されてきた。企業の中には従業員に就業調整を勧めるところまであった。

主婦パート労働者は「安い労働力」で居続けて欲しいという企業の本音は、外国人労働者の受け入れ拡大と同じく量的成長の発想がベースとなっている。

繰り返すが、多くの「安い労働力」を確保しなければビジネスとして成り立たないという発想を改めない限り、企業は人口減少社会を乗り越えることはできない。

むろん、女性や高齢者の活躍を促すこと自体をいけないと言っているのではない。性別や年齢に関係なく、意欲と能力のある人が活躍できる社会になることは望ましい。だが、その目的が量的成長モデルの維持となってはならないということである。

「新卒者は20年後に3割減」だが……

労働集約型ビジネスモデルが続かないことは、今後の新卒採用が難しくなることからも言える。総務省の人口推計（2023年10月1日現在）で20〜24歳の日本人人口と、20年後にこの年齢に達する0〜4歳を比較すると、後者が30・5％少ない。短期間にここまで減ったのでは、大企業や人気職種においても欲しい人材を安定的に採用できるとは限らなくなってくる。

企業は新卒者の採用に限らず、昨今の人手不足への対応策として賃上げ競争に走っているが、勤労世代の絶対数が減っていくのだから、こうしたやり方にも限度がある。

それ以前の問題として、先述したように日本は消費者数も減っていく。仮に人手不足を解消できたとしても、少し遅れて消費者不足が訪れる。そうなれば、逆に「雇いすぎ」になりかねない。人手不足といっても、労働集約型モデルのまま量的成長を念頭に置いて語っている企業も少なくない。質的成長に転換すれば、もっと少ない人手で業務が回る可能性は大きい。本当に足りないのは何人なのか。冷静な見極めが必要になってくる。

【第3の活路】

「従業員1人あたりの利益」を経営目標とせよ

――生産性向上で個々の「稼ぐ力」をアップさせる――

第3の活路は、「従業員1人あたりの利益の拡大」とそれを企業目標とすることだ。質的成長へと軸足を動かすための方策でもある。

第1、第2の活路で繰り返し説明してきた通り、量的成長を維持しようといくら抵抗しても徒労に終わる。それだけでなく、日本の残り時間を減らし自ら首を絞めることになる。人口減少を前提として考えなければならない以上、勤労世代は激減するので、人手をかけずに利益を上げざるを得ない。それには従業員1人あたりの生産性を向上させ、利益を拡大することが必須となる。つまり、従業員個々がスキルアップを図る必要があるということだ。結果として、組織全体としての「稼ぐ力」を高めることにもなるだろう。

日本企業が将来を見据えて強化すべきは、多くの人手を確保して低い生産性のまま数をたくさん売って利益を大きくすることではない。既存従業員を「人材」として育成し直し、活用することである。経営手法の転換が求められる。まさに日本の総底上げである。

従業員のリスキリングは企業戦略から始まる

最近は「リスキリング」という言葉だけが躍っているが、これを従業員個々に委ねたのでは意味をなさない。それぞれが思い思いに身に付けるスキルを決めていたら、転職に有利そうな資格の取得に走る人が増えるだけで終わるだろう。

本来、リスキリングというのは、各企業が経営戦略を立てるところから始まる。経営戦略を立てたら、次は誰がそれを率いていくのかという人事戦略が決まる。人事戦略に基づき、どのような事業で利益を上げるのかをすべての従業員がしっかり理解することが必要だ。その上で、経営者は組織全体を俯瞰《ふかん》して、どの従業員に、どのような能力やスキルを身に付けてもらうべきか個々の適性を見極め、具体的なリスキリングの内容と目標を企業が業務として命令することである。組織としての戦力強化が目的なので、企業が責任をもって費用と時間を確保するのは当然のことである。

スキルアップを図ったとしても、それにふさわしい仕事を与えないのでは宝の持ち腐れである。人的投資と並んで求められるのがチャンスの平等化だ。年齢や性別、国籍を問わず働く人がそれぞれの能力を十二分に発揮できるよう職場環境を整えなければならない。

これまで日本の多くの職場は「勤続年数が長い日本人の男性従業員」が中心であったが、勤労世代の減少が確実である以上、職歴が浅くとも能力ある人材がどんどん責任あるポストに就《つ》き、組織が求める成果や利益を上げていくしかない。

一方、1人あたりの生産性向上だけでは不十分だ。同時に徹底的な業務のスリム化が求められる。どんなに職能をアップしても業務の処理能力を超えた仕事を指示されたのではこなせない。もはや人海戦術には頼めないのである。人が携わらなくても済む仕事はデジタル技術や機械に置き換える。同時に、会議や書類といった無駄な仕事、慣例的に行っているだけの〝どうでもいい仕事〟はすべて排除することだ。少ない人手でも業務に支障がない体制を構築しなければならない。人口減少社会では合理化を極限まで追求することが求められる。

「消費者減少」時代の経営目標

少ない従業員数で利益拡大（イメージ）

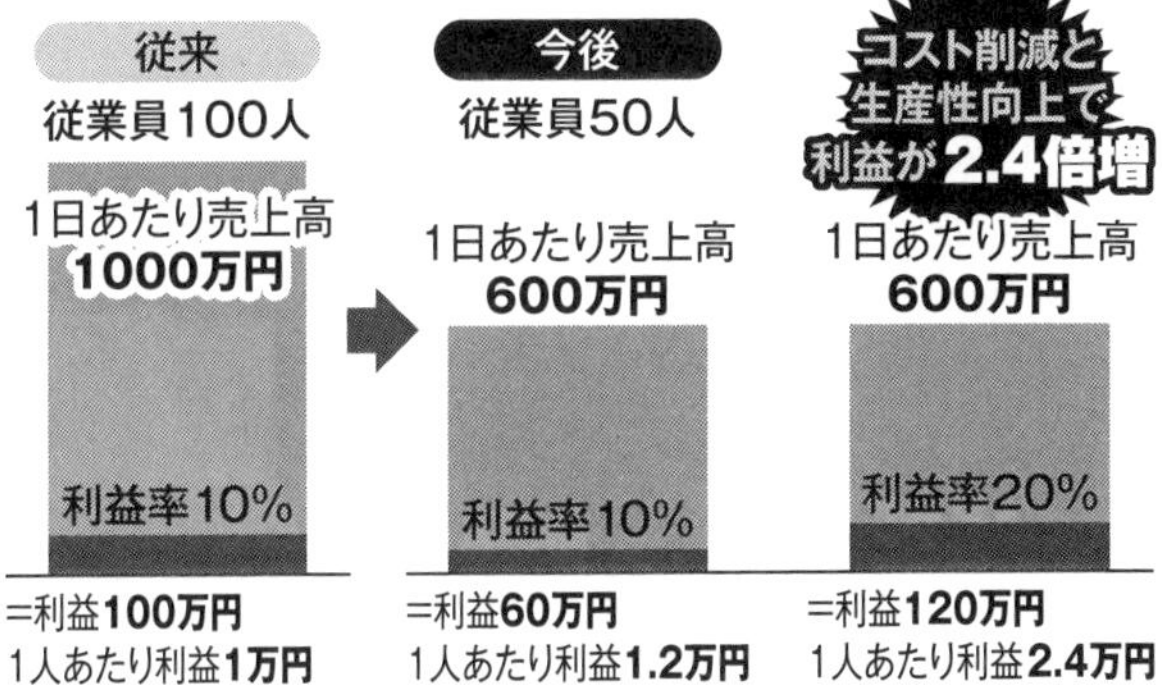

第3の活路を確かなものにするため、さらに取り組むべきは、企業経営の目標を「売上高の拡大」から「従業員1人あたりの利益の拡大」に改めることである。これまでは売上高を伸ばすことで利益は増えた。これが企業経営の「成功」を意味した。だが、人口が激減すればその実現は難しくなる。消費者が減るためだ。

経営目標を「従業員1人あたりの利益」に改めた場合、企業全体としては現時点より売上高や利益総額は低くなるかもしれないが、気にすることはない。そうなったとしても、いままで以上に企業を発展させ、従業員の暮らしを豊かにすることは可能だ。

例えば、現在従業員100人で1日あたり1000万円を売り上げている会社があるとする。

コストを差し引いて10％の利益が出ているとしよう。これならば1日の利益総額は100万円で、従業員1人あたりが生み出した利益は1万円ということになる。

一方、今後の日本では、人口が減って思うように人事採用ができなくなる。そこで、従業員が半減して50人になったとしよう。当然ながら生産力は落ちて売上高も減ることとなる。しかしながら1人あたりの労働生産性を向上させることで、売上高を従業員の減少率ほどは下がらないようにすれば問題ない。

仮に1日あたりの売上高が4割減の600万円になったとする。それでも、利益率が同じ10％ならば1日の利益額は60万だが、従業員数が減っているので1人あたりにすれば1万2000円の利益を生み出したこととなる。1・2倍増だ。

さらに、同じ条件であっても、徹底的な合理化と生産性向上でコストを削減し利益率を20％に引き上げられたならば得られる利益は120万円に増える。こうなれば1人あたりの1日の利益は2万4000円で2・4倍増である。半分の従業員数で利益の総額がむしろ増えるのだから、新たな設備投資も、従業員の頑張りに応えて給与やボーナスを引き上げることもできる。人口減少社会において質的成長に軸足を移す意義の半分はここにある。

【第4の活路】
商品を高付加価値化せよ
――「薄利多売」型のモデルは通用しなくなる――

残りの半分は、イノベーションによる高付加価値化だ。これが第4の活路である。

少ない従業員数で企業が利益を向上させるには、利益率をさらに高めることが求められる。だが、それは従業員1人あたりの生産性向上と合理化によるコストカットだけでは十分達成し得ない。利益を飛躍的に伸ばすには製品やサービス自体が多額の利益をもたらす存在とならなければならない。

それには、顧客の満足度を上げることだ。多くの顧客が欲しいと思う性能や品質、洗練されたデザインといった要素が必要となる。高い値段であっても買いたくなるものを、顧客が必要とするタイミングで的確に提供するのである。「良いモノはそれ相応の値段がする」という価値の定着は需要の増加にも寄与する。それは社会課題の解決につながりやすく、それがまた価値となって需要が増えていくという好循環を生み出す。

デジタル技術で価値創出を

　高付加価値化といえば、かつては「職人技」のような技術力の高さのイメージが強かったが、デジタル技術でも可能だ。「データドリブン」という言葉を耳にするようになった。様々なデータ分析に基づいて戦略策定や意思決定をすることだ。これまで見えなかったマーケットの動きを可視化できるので、データドリブンによる価値創出は新規需要を開拓し、高付加価値化につながりやすい。

　デジタル技術は、時間や空間の制約や壁を低くする。個人に最適化したサービスの提供も可能とする。人口減少社会においては効率化や自動化のニーズは高まるので、こうした分野でも高付加価値化した製品やサービスを提供する新業態の企業が誕生しそうである。

　高付加価値化を図るには、徹底したマーケティングも重要となる。どういう層の人々がどのようなシチュエーションで必要としているのかを把握し、それに応える形で製品開発やサービス提案をするためである。

　国内マーケットは消費者の高齢化が進む。これを取り込もうと各企業は必死だが、その年齢に達しなければわからないこともあるので、若い世代だけで考えていてもヒット商品はなかなか生まれない。高齢者ニーズを取り込むには開発段階で高齢者の意見を反映させることだ。メーカーならば、高齢者となったかつての技術者に商品企画に参加してもらい、随時アドバイスを受けられるようにすればよい。一方、若者のマーケットは縮小していくが、価値観は多様化するだろう。高付加価値の製品やサービスを生み出すには、どの世代であれターゲットとなるマーケットとの丁寧な直接対話が欠かせない。

高齢消費者も増える中で、高付加価値化によって値段が高くなったら消費者が離れるのではないかという懸念もあるだろう。だが、国内マーケットが急速に縮んでいく中で「薄利多売」の量的成長モデルを永続させることは困難だ。どの業種もどこかの段階で「厚利少売」の質的成長モデルへとシフトせざるを得なくなる。

日本においても消費者の価値観に変化が出てきた。「自分が気に入った付加価値に対価を支払う」という消費行動が増加傾向にあるのだ。「中間所得層」が縮小し、消費者の二極化も進んでいる。

むろん日常使用するような生活必需品や食品など高付加価値化にそぐわない商品やサー

ビスも存在する。どんなよいものであっても、商品ごとに相場というものがある。あまり高すぎては売れない。企業の社会的使命として安価で安定供給しなければならないものもある。国内マーケットが急速に縮んでいく中で「薄利多売」の量的成長モデルを永続させることは困難だが、そうした「薄利多売」を続けざるを得ない商品を残すためには、1つの企業の中で複数の事業の柱を立てることだ。高付加価値化した商品でしっかりと利益を確保する事業部門を確立し、そこで得た利益を社会的使命として薄利多売を続ける事業に回すのである。企業全体としての収支の帳尻合わせだ。

1社で複数の事業を立ち上げられない企業や、どの事業も高付加価値化できないという企業は、国内マーケットが縮小するなかでは存続が難しくなる前に大きな企業の傘下に入って社会的使命を果たし続けるか、思い切って事業を売却・譲渡する必要がある。

高付加価値の製品やサービスは、海外勢に太刀打ちするための〝武器となる商品〟ともなる。企業体力が落ちても、価格競争を続けなければならないとなれば勝ち目はない。有望な商品を持っておくことは、日本企業の生き残り戦略でもある。

日本企業の多くはこれまで、日本語というバリアに護《まも》られ、1億人規模の内需で利益を上げてきた。加工貿易国のようなイメージが強いが、実際には日本企業の大多数は内需型企業である。人口減少でそんな虎の子の国内マーケットを失うのだ。消費者がどうしても必要とし、他社には真似できない価値を創造することは「なくてはならない存在」になることである。今後、外国マーケットに打って出るにしても重要なことだ。「厚利少売」への転換は、人口減少日本において企業が避けて通れない道である。

中高年のマンネリズムを打破すべき

日本が高付加価値化による「厚利少売」モデルに転換するにあたって最大の懸念材料は、人口構成が鋭利な逆三角形となっていることである。イノベーションが起こりにくい。若い世代が急速に減っていく点が質的成長のボトルネックになる可能性もある。

いつの時代も、新しいモノを考え出し、面白いことを見つけるのは若い世代が中心だ。人口が増えていた時代は、放っておいても若者同士が意見をぶつけ合い、競い合う環境がいたるところにあった。次々と新人が入ってくるので、企業側にも若い世代の挑戦を長い目で見守る雰囲気があった。それがイノベーションを起こすエネルギーとなっていた。

ところが、いまはどの組織も中高年が多数を占め、マンネリズムが支配しやすくなっている。若い従業員は少なく、新人が毎年のように入ってくる部署ばかりではない。人手不足でゆとりを失い、目先の成果を求められて長期の挑戦がしづらくなってきている。

こうした状況を打開するには、企業側が意図的に若者の意見を汲み上げ、若者同士が切《せっ》磋琢磨《さたくま》できるように若手従業員が集まる環境を用意することだ。さらに、雇用の流動化を促すことも重要だ。人口減少社会では自社で人材を抱え込むという発想は捨て去ったほうがよい。出生数が激減することによって若い世代の絶対数が少なくなるのだから、抱え込もうとしてもできなくなるからだ。それよりもモノ、マネー、情報(データ)と同様に人材も極的に循環させることだ。必要に応じて求める人材のいる企業と提携したほうが価値を生み出す確率ははるかに高まる。

多くの人が当たり前のように転職するようになれば、組織はマンネリズムに陥らずに済む。転職者は新入社員と同じく組織に新風をもたらす存在となり得る。現在のように転職者が少なければ難しくとも、多くの人が動くようになれば事情は変わってこよう。

雇用の流動化がもたらす効果

人口減少が雇用の流動化を促す。新卒採用がままならなくなることについては先述したが、それは年功序列の終焉《しゅうえん》を意味する。年功序列とは定年退職などで辞める人と入社してくる人の数のバランスが取れてこそ成り立つ仕組みだからだ。

年功序列が機能しなくなると、1つの会社に勤め続けることが「安定」とは限らなくなる。若い世代や能力が高い人ほど高評価してくれる企業へと移っていくこととなり、必然的に終身雇用も終わりを迎えることとなるだろう。

国民の意識も大きく変わってきている。総務省の労働力調査によれば就業者の6人に1人が転職を望んでいる。背景には終身雇用に対する意識の変化のほか、収入などへの不満、人手不足で労働者側の「売り手市場」になっていることがある。

とりわけ、若者は年齢が若いということを評価され、年々、希少価値が高まっていく。自分の適性や労働条件を考えて仕事を移る人は増えていくことだろう。

イノベーションによる質的成長の実現を考えれば、これは歓迎すべき動きだ。多くの人が転職を繰り返すようになれば、企業の人手不足に関する認識も変わってくる。人事評価もより成果を重視するようになるだろう。それは、社会全体としてみれば労働生産性を向上させるモチベーションとして働くことにもなる。

雇用の流動化は各企業の余剰人員をなくす効果も期待できる。近年は「黒字リストラ」に踏み切る企業が多いが、これも考え方次第で良い流れとなる。勤労世代が減って行くというのに、「活かしきれていない人材」が少なくないというのは実にもったいない。全企業の余剰人員を集計すればかなりの人数となるだろう。もし転職しやすい環境が整っていれば、自分に合った仕事に移る人も増え、ミスマッチが少なくなる可能性がある。そのためにも、社会保障制度を含め雇用流動化時代に即した制度を構築することが急がれる。

人口が減り行く日本において、企業は「薄利多売」から「厚利少売」へとビジネスモデルを転換するよう求められるが、それにはイノベーションを起こして高付加価値を実現しなければならない。ここまで述べてきたように、これまでのビジネスの仕組みや慣行をかなり広範に変えなければならない。だが、構造改革によってイノベーションが相次いで起きるようになれば、人口激減後も日本人は豊かな暮らしを手にできる。

【第5の活路】

中小企業も独自に海外へ進出せよ

――日本ならではの〝キラーコンテンツ〟を輸出する――

第5の活路は、企業の海外展開だ。これまでとは格段にレベルが違う〝本格的な開国〟を目指そうというのである。

「戦略的に縮む」成長戦略で質的成長に転換したとしても、近年の「出生数激減ペース」を考えると、国内マーケットも勤労世代も多くの人が考えるより早く縮むことになりそうだ。しかも人口減少は止めようがなく、日本には時間的余裕があまりにも少ない。製品やサービスの高付加価値化は「日本の活路」ではあるが、国内マーケットの高齢化を考えれば十分な利益をあげられない分野も出てくるだろう。それ以前の問題として、縮小均衡を繰り返していけば、最後は行き詰まることとなる。

日本は加工貿易国とされるが、それは一部の業種に偏っている。大多数は内需型企業だから、消費者不足による国内マーケットの縮小は、多くの企業にとって死活問題である。

そこで、規模の大小や業種の如何を問わず、外国マーケットの取り込みを図ることが重要になってくる。すでに内需型とみられてきた小売業や飲食業の企業でも海外進出の動きが目立つようになってきた。

これまでの日本企業の海外展開といえば「よい商品をより安く」という価格競争を意識したものが多かった。縮小する日本とは異なり、ブルーオーシャンたる海外マーケットを目にすれば、「量的成長を続けられるのでは」との気持ちにもなることだろう。だが、海外進出にあたっても質的成長に徹することだ。

「なくてはならない存在」になるために

日本の人口減少を考えれば、量的成長の発想で大量の製品を生み出し続けることは厳しくなっていく。「よい商品をより安く」ということで開発途上国とのコスト競争に対抗して人件費を抑制したため、デフレ経済が深刻化した。その結果、結婚できない若者や望む子ども数を持たない夫婦が増えて少子化が加速した。

質的成長を目指すべき理由はこれらだけではない。日本が「小さくとも豊かな国」となるには、世界にとってなくてはならない存在であることが重要だからだ。

日本はもはや開発途上国のような貿易モデルから脱しなければならない。それには、高付加価値化した日本企業ならではの〝強い商品〟を生み出すことが必要なのだ。それを携えて世界で勝負したほうが〝勝ち残る確率〟も高くなる。

どうしても量的成長にこだわるのであれば、日本を完全に脱して生産拠点ごと外国に置くグローバル企業となることだ。だが、それはどの企業にでもできることではない。ましてや、これから海外進出するという企業にはお勧めしない。

日本の海外進出にあたっては、見直さなければならない点がある。海外とのモノやサービスなどの取引状況を示す国際収支統計を見ると、海外投資に伴う収益が海外で再投資されて、日本に十分戻っていないのだ。これでは人口減少による国内マーケットの縮小はさらに深刻となり、内需型企業に雇用されている多くの人々の暮らしが成り立たなくなる。

海外進出を強めるにあたっては、各企業が世界中で稼いだ利益を国内にしっかりと還流し、最新研究開発や賃上げ、イノベーションの拡大など将来に向けたさらなる投資の原資となるよう循環させていくことが必要である。こうした価値創造が日本の足腰を強くし、次なる成長分野も作り出す。

しかしながら、内需型を続けてきた企業にしてみれば、いきなり海外マーケットへの進出と言われても、どこから始めればいいのか皆目わからず、途方に暮れるだろう。ノウハウも知識も蓄積されていないのだから、すべて手探りだ。

まずはどこの国が自社にとって有利かを考えなければならない。その国のどのような所得層、年齢層が自社商品のどこに魅力を感じ、何を求めているのかを事前にリサーチすることだ。何ごとも準備が肝心である。ニーズが分からなければ、高付加価値化しようにも、やりようがない。

世界は広い。国ごとに文化や生活習慣は異なり製品やサービスの使い方や好みも違う。独自の商習慣があるところや、政府の規制がかかっているケースもある。日本はかつて、コンセントの形状が違ったり、国際標準規格と異なっていたりしたという理由で家電製品が売れなかったという苦い体験もしている。日本人にとって素晴らしいものが、そのまま評価され、受け入れられるわけではない。

これまで海外進出していなかった分野の企業が参入するようになれば可能性は広がる。

「GAFAM《ガーファム》」と呼ばれる米国巨大IT企業の大規模なプラットフォームがそうであるように、日本ならではの〝キラーコンテンツ〟で世界を席巻《せっけん》できれば、なくてはならない存在に近づく。

いまさらGAFAMを追いかけ、追い越せと言っているのではない。アニメや日本食は世界ですでにブームを巻き起こしているが、日本の得意分野はいくらでもある。日本文化やコンテンツの魅力はまだまだ掘り起こせるだろう。「安全な国」を築いてきたという日本人の国民性も強みだ。こうした資源を活かせば、十分世界と渡り合える。

「課題先進国」のノウハウも輸出可能

例えば、社会保障の仕組みだって輸出できる。これからは世界中が少子高齢化していくのだから、ニーズはあるはずだ。課題先進国と言われる日本は失敗例も含めて年金保険や医療保険や介護保険といった各制度のノウハウの蓄積がある。ひとたび日本の仕組みやノウハウが受け入れられれば、その国の根幹部分に関わり続けることができる。

諸外国との関わり方は日本企業が相手国に進出するばかりが道ではない。近年はインバウンドも拡大してきた。業種によっては「越境ＥＣ（電子商取引）」といった日本国内に居ながらにして海外マーケットとつながる方法もある。

人口減少が進めば進むほど、投資先としての日本の魅力を高めることも重要になる。そのためにも〝キラーコンテンツ〟が必要だ。日本企業が世界を席巻できれば、「投資に値する国」として世界中から投資マネーが日本に流れ込む。

呼び込むべきはマネーだけではない。経済をはじめ「世界の拠点」となることも求められる。例えば、最近は経済安全保障の観点からデータセンターの設置に関して中国を避ける流れが強まっており、代わりに日本が有力な受け皿の１つとなりつつある。世界的なデジタル化の加速を背景に高まる需要をしっかり取り込むには、電力の安定供給が求められる。政府は割高な電力コストを下げることはもとより、新技術を使った新たな発電所を建設することが急がれる。

データセンターに限らず、さまざまな国際的機関や産業インフラを受け入れることは、日本が世界にとってなくてはならない存在としての価値を高めることにもつながる。「豊かな国」であり続けるための国家戦略が重要となる。

【第6の活路】

全国に30万人規模の「独立国」を構築せよ

——地方自治体の単位で物事を捉えない——

第6の活路は、人口集約によって各地に「生活圏」を構築することだ。

人口減少は地方ほど早く、このままでは社会機能を維持できなくなるほどに縮小するエリアが広がる。足元が崩れたのでは「戦略的に縮む」という成長戦略の実現どころではなくなる。「生活圏」を築くことは成長に向けた基盤を整えるということであり、極めて重要なポイントとなる。

地方の未来図は厳しい。民間組織「人口戦略会議」が全国の地方自治体の約4割にあたる744自治体が、将来的な消滅の可能性が大きい「消滅可能性自治体」であると名指しし、波紋を広げた。だが、現実は4割どころではなく、もっと厳しい。

「消滅」という刺激の強い言葉を使ったため問題の本質がかえって見えづらくなってしまったが、同会議の分析には意味はない。

日本人の人口は甘く見積もっても2070年に4割減、2120年には4分の1程度になると見込まれているのである。身も蓋《ふた》もないが、ここまで日本人が減るというのに「地方消滅」もないだろう。それでも「消滅可能性自治体」というのなら、日本中の自治体が該当することになる。東京23区も時間の問題ということだ。東京都は早ければ2030年ごろには人口減少に転じる。

過疎地対策が地方財政の重荷に

「人口戦略会議」の指摘を受けるまでもなく、地方自治体では危機感が高まっている。だが、対策の内容といえば相変わらず〝周回遅れの政策〟が目立つ。いまだ少子化対策の強化で何とかなると考えている首長も少なくない。だが、出生数減の真因は本書で繰り返し指摘してきた通り、過去の少子化を原因とする「母親不足」だ。子育て支援の強化には若い女性の流出に歯止めをかけたいという狙いもあるのだろうが、それで自然増加につながることは相当難しい。

このため、出生数の増加と比べれば成果を出しやすい社会増加（転入による人口増加）

に力を入れる自治体が増えている。移住者の受け入れを拡大しようというのだ。

　過疎地を抱える知事などからは、「地方の人口減少の要因は東京一極集中であり、政府はその是正に本腰を入れるべきだ」との声が上がっている。しかしながら、東京一極集中を解消してみたところで、人口の総数が急速に激減するのだから、各自治体の〝消滅〟が解決するわけではない。「はじめに」でも触れたように、東京一極集中の是正とは、全体として減り行くコップの水を、小さなコップにどう分配するかという話に過ぎない。中長期に考えれば移住の促進は「焼け石に水」の政策なのである。

　知事などにすれば何の対策もせず傍観し続けるわけにはいかないということなのだろうが、２０２３年の東京都の転入超過数を都道府県別（隣接３県は除く）でみてみると、大阪府や愛知県など政令指定都市を抱える９道府県だけで過半数を占めている。地方圏に位置する個々の市町村単位でみれば、多くの人がイメージするほど東京都が大規模に人口を吸い続けているというわけではない。

　東京一極集中の是正のための移住促進政策に関しては、その成果も上がってはいないのだが、政府の地方創生本部が旗を振ってきたこともあって地方自治体の〝競争〟という意味では過熱気味だ。多くの自治体は住宅などの提供や補助金給付などサービス合戦を繰り広げている。

だが、定住人口を奪い合うゼロサムゲーム化は、自治体を疲弊させていく。人口を奪われる側の東京都は高校授業料の実質無償化など子育て世帯向けサービスの強化で〝応戦〟する姿勢を示しており、財政力勝負となれば小さな地方自治体が不利である。無理して財源を捻出すればどこかにしわ寄せが行く。すでに、子育て世帯の移住を増やそうと手厚すぎる子ども向け政策を展開し、高齢者福祉予算や道路改修予算が後回しにされるケースもみられる。既存住民向けのサービスが劣化し、地元住民と移住者の間の無用な対立にも発展しかねない。

「地方自治体単位」で物事を捉えてはいけない

人口減少社会では、人口を増やそうという政策は長続きしない。仮に、争奪戦に勝利して人口が多少増えるところがあったとしても一時的なことだ。それ以前の問題として、人々が分散して暮らす現状のまま、地方自治体が人口を奪い合っているだけでは展望が開けない。

日本は東京を含めて、人口が減ることを前提として政策を考えなければならない段階に突入している。むしろ急ぐべきは、人口が減っても社会機能が破綻せず、街としての生産性が向上するよう各地域の在り方を作り変えることである。それには日本列島を思い切って畳んで行くしかない。

人口が減っても、社会機能を持続させられれば、暮らしが維持できるだけでなく、その地域は人口減少スピードを遅らせることができる。そうすることで、「戦略的に縮む」という成長戦略を成功に導く基盤を整えるための時間が稼げるのだ。分散した現状を続けていたのでは、それは叶わない。

地域の社会機能を破綻させないようにする上で、最も大きな障害となるのが、多くの人々が持っている「地方自治体単位で物事を捉える」という悪癖《あくへき》だ。まずはこれを退治しなければならない。

国交省が2050年までに現在の居住地の2割近くで住民がいなくなると分析しているように、日本全体の人口減少規模の大きさや速さを考えれば、既存自治体をすべて残すことはできないだろう。「47都道府県」の体制すら続くかどうか疑わしいのである。

既存の地方自治体をすべて残そうと無理な努力を続けるより、自治体の境界線にこだわらず、人々が快適に暮らせる「独立国」のようなエリアを日本列島の上に1つでも多く築くという発想に切り替えたほうがはるかに現実的だ。「地方」とは必ずしも地方自治体とイコールではないのである。そうしたエリアを全国各地に築くためには、各地ごとに人口を寄せ集め、生活圏（＝人口集積地）をつくることである。

地方では「組織」も消滅の危機に

すでに述べたが、人口集約を図らず現状のように人々が分散して暮らす社会のままならば、多くの地域で消費者不足を起こし、企業や商店が存続や新規進出できなくなる。日常生活に不可欠な商品やサービスが簡単に手に入らなくなれば、地域社会は機能不全を起こすこととなる。そうでなくとも、経営者の高齢化で事業承継《しょうけい》も難しくなってきており、店舗の廃業が各地で進んでいる。しかも、勤労世代の減少で人手不足はあらゆる分野で恒常化する。モノを運ぶ運転手や電気や上下水道を修理する技術者などを確保することも難しくなっていく。いま身の回りにあるサービスが、いつまでも存続すると考えてはならない。日常生活に支障が出てくると、必要な商品やサービスを遠方から取り寄せなければならなくなり、各家庭の負担コストが上昇する。それは実質所得が目減りするということだ。企業が廃業・撤退すれば雇用が細るので、働き口を失った人々の流出が加速する。こうなったら、もう手の打ちようがない。

企業や商店の廃業や撤退が進むようになったところは、地方自治体の「役所機能」の維持も難しくなる。すでに職員や議員のなり手不足が広がっているが、住民が減るにつれて地方税収も落ち込み続ける。〝地方消滅〟というと住民の減少の観点で語られがちだが、地方自治体という「組織」の持続可能性が危ぶまれる問題でもあるのだ。

市町村の枠を超えた「30万人生活圏」

私が提唱している構想のイメージについて、もう少し具体的に説明しよう。

「生活圏」とは商圏のことである。一定規模の人口を擁《よう》する独立国のような「生活圏」を、人口が減っていく日本列島にいくつも築こうということだ。

既存自治体の枠組みや線引きで考える「悪癖」を捨て去らなければならないと先述したが、「生活圏」の概念には市町村は存在しない。現在でも人々は隣の自治体に魅力的なショッピングセンターや大きな病院があれば、住んでいる自治体を意識せずに出掛け、利用している。「生活圏」とは、そうした人々が日常的に行き交う生活エリアのことである。

これは市区町村を廃止したり、否定したりするものではない。行政サービスはこれまで通り市区町村が担う。市区町村を廃止するとなれば、身分を失う首長や地方議会議員の反対が予想される。いまの日本にはそうしたことに政治のエネルギーを割いている暇はない。人々の意識や発想を変えることで独立国のような「生活圏」を築くことは十分できる。

必要となる人口規模は、国土交通省が概ね人口10万人以上であれば医療や交通など都市的機能の提供が可能と試算している。これが最低ラインだろう。ただ、今後の人口減少の影響を考えれば、最低30万人程度でスタートするのが望ましい。

つくるのは「生活圏」であって、市町村合併によって「10万人都市」や「30万人都市」にしようということではない。行政事務を合理化する自治体の広域連合とも全く違う。すべての市区町村で人口が減って行くのだから、同じような状況の地方自治体が合併したり、

市町村の枠を超えた30万人生活圏（イメージ）

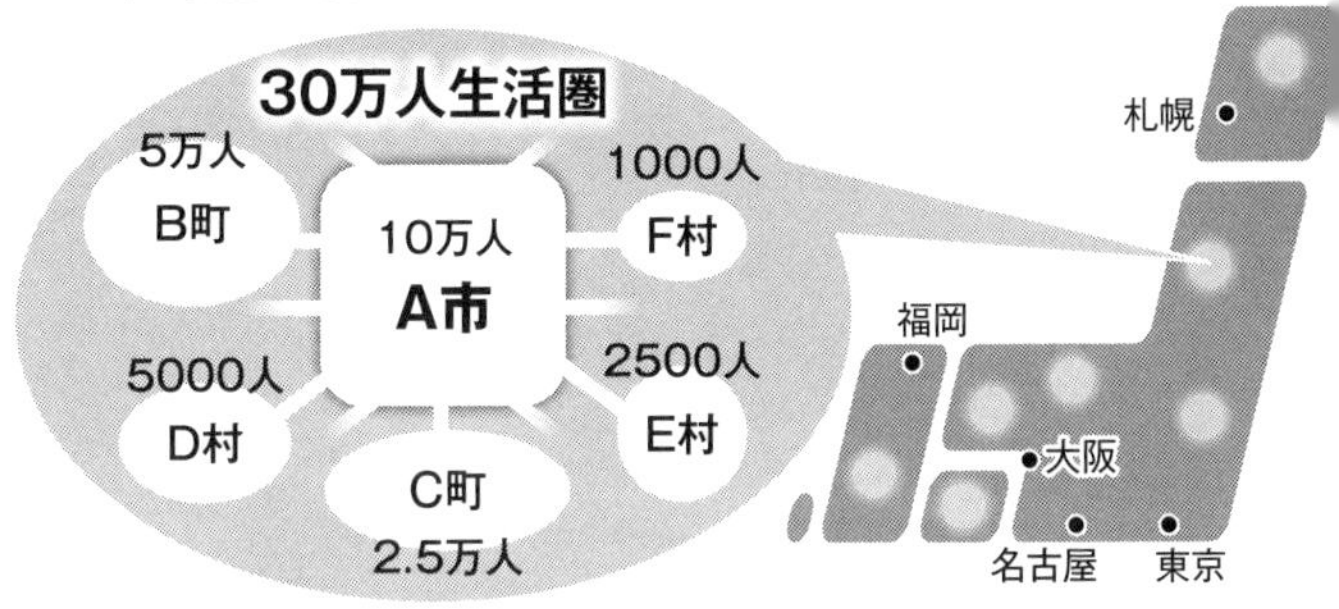

広域連合を結成したりしても解決策とはならない。

独立国たる「生活圏」は、ずっと市街地が続いていなくともよい。例えば、人口20万人の都市が核となって、周辺の5万人や3万人、5000人といった人口規模の自治体とともに「30万人生活圏」を形成するという形でもよい。人が集まり住んでいる場所がところどころにあり、残りは森林や農地が広がっているというケースもあるだろう。

「生活圏」は「バーチャル都市」にもなる

「生活圏」を活性化し、街としての生産性を向上させるには、人々の頻繁な往来が不可欠である。複数の地域で1つの「生活圏」をつくる場合には、「生活圏」の中心となるエリアとそれぞれの地域を、道路や公共交通機関でしっかりと結ぶことだ。道路が1本しかないというならば、災害などで通行止めになることも想定して複数本にする。片側1車線ならば片側2車線に拡幅するなど「生活圏」の一体感を強化することが重要である。

そうした意味では、高速道路は有望だ。都市間を結ぶトラックが毎日行き交っているのである。サービスエリアごとに隣接地に人口集積地を作り、そこに地域の生活機能を集約すれば、人口が減っても物流が滞る懸念は小さくて済む。高速道路を利用すれば「生活圏」の中心となるエリアへもアクセスしやすい。

「生活圏」をさらに活性化するには、デジタル技術を使って「バーチャル都市」のようにできるとよい。リアルな地方自治体はそのままに、仮想空間の「バーチャル都市」を重ね合わせるイメージだ。さまざまな企業がビッグデータを活用した事業に乗り出しているが、「生活圏」でもデータを活用したサービスを展開できれば、エリアとしての価値が向上する。「バーチャル都市」の市民に登録することでサービス上のさまざまなメリットを感じられるようになれば、自分が住む「生活圏」に愛着を持つ人が増え、一体感はさらに強まるだろう。

「生活圏」は、1つの都市の中で集住地区をつくる「コンパクトシティ」と混同されかねないが、基本的に異なる考え方だ。コンパクトシティは駅前などに生活に必要な機関や事業者を集め、高齢者などが歩いて用事を済ませられるようにすることで賑わいを創出しようという取り組みだ。これに対して、「生活圏」は各種事業が立地し得る人口規模にこだわる。人口数万人の都市の中心部をコンパクト化するだけでは人口減少問題は解決しない。ただし、「生活圏」とコンパクトシティが対立する概念というわけではない。「生活圏」内にコンパクトシティと呼べる地区がいくつも内在することは十二分に考えられる。

肝心なのは「自立的なエリア」の形成

だが、人口を寄せ集めるだけでは「生活圏」は完成しない。寄せ集めた人口が再び拡散しないようにするには、「戦略的に縮む」という成長戦略を成功に導かなければならない。

肝心なのは、「生活圏」を自立的なエリアとすることだ。最優先されるのはそこに住む人々の雇用であり、雇用を創出する企業が不可欠である。雇用がしっかりしていれば、結果として移住者を呼び込みやすくなるかもしれない。

「生活圏」の企業は、外国マーケットと直接結びつき、稼いだ利益を「生活圏」に持ち帰って循環させることだ。そうすることで「生活圏」内の内需型企業も存続可能となり、社会機能も維持し得る。

自立的なエリアであるために、「生活圏」の企業は企画から生産、貿易実務、通訳をすべて自分たちで担うことだ。結果として、若い世代にとって関心がある職種が増えてくれば、若者の人口流出に歯止めがかかることはもとより、その企業に就職したいという若者が増えるかもしれない。

日本列島にいくつも築いた「生活圏」は高速鉄道網や航空路線などで結び、「生活圏」同士の交流を促進する。鉄道は途中駅を廃し、「生活圏」内だけに駅を置くようにすればローカル線の在り方も変わる。鉄道網も人口減少を前提として考えなければならない。

人口が激減する中で地方をどうするかは、「現状」を前提として考えても解は見つからない。いたずらに東京一極集中の是正を唱えるより、人口減少に耐え得る「受け皿」をつくることである。

【第7の活路】
「地域」を戦略的に縮めよ
――「人口集積の二層化」という勝ち残り策――

第7の活路は、「地域」を戦略的に縮めることだ。

第6の活路で、人口減少に耐えられる地域の受け皿として、地域人口を集積した独立国のような「生活圏」を築くことの重要性について説明した。しかしながら、商圏として企業や商店が立地し得る規模を維持できたとしても、「生活圏」の中で人々が分散して暮らしている状態のままでは、非効率であり社会コストは肥大化する。それは社会機能を維持する上で大きな負荷となる。

勤労世代の激減に伴って地方公務員も減っていくので、分散状態では行政サービスが届くのに時間がかかるケースが増えるだろう。一方で高齢者の1人暮らし（単独世帯）が激増し、手助けを必要とする場面が多くなることだろう。

いまだに郊外に大規模な住宅地の造成や大型ショッピングセンターを誘致するといった

動きがなくならないが、こうした形で街を拡大しようという手法は、人口減少社会においては避けるべきだ。公益性や公共性を考えれば、今後の街づくりは効率性や効果性を追求せざるを得ない。都市開発そのものを否定するつもりはないが、同じ都市開発をするにしても、人口減少に応じた形にすることが求められるということだ。たとえば、今後は1人暮らしの高齢者が増える。こうした高齢者が住みやすい街としなければ、社会問題が次々と浮上して社会全体が機能しなくなる。

5軒に1軒が「高齢者の1人暮らし」に

1人暮らしの高齢者がどれぐらい増えていくのか、社人研の「日本の世帯数の将来推計」で確認してみよう。

世帯主が65歳以上の高齢者世帯は、2050年には2404万1000世帯（2020年比306万8000世帯増）となる見込みだ。このうち単独世帯が1083万9000世帯を占める。これは世帯総数の20・6％にあたる。2050年の日本は、「5軒に1軒が高齢者の1人暮らし」という極めていびつな社会になるのだ。

65歳以上の1人暮らし世帯に占める未婚者の割合

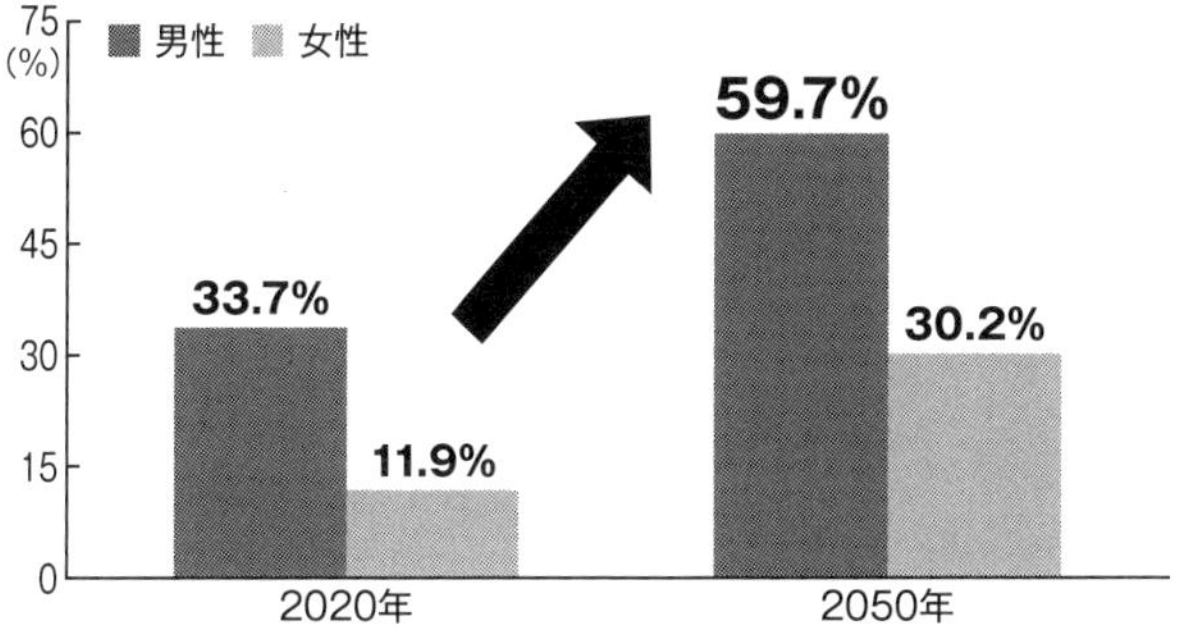

出所：国立社会保障･人口問題研究所「日本の世帯数の将来推計」(2024年)

高齢者の単独世帯が増加する背景には、「人生１００年」と言われるほど平均寿命が延び、配偶者を亡くして1人になってからの人生が長くなったことがある。さらに、未婚率の高まりもある。社人研によれば、単独世帯の男性高齢者の未婚率は２０２０年の33・７%から２０５０年は59・７%へと大きく増える。女性も11・９%から30・２%になる見込みだ。近年は各世代とも未婚率が高まっており、若い頃からシングルだった人が年齢を重ねることも２０５０年の数字を押し上げる。

厳しさはそれで終わらない。２０５０年になると、団塊ジュニア世代（１９７１〜74年生まれ）が75歳以上となるため、75歳以上の単独世帯が２０２０年の１・６９倍にあたる７０４万世帯に急増する。第

2部で指摘した通り、貧困高齢者が増加することが予想されるのだ。

さらに懸念されるのが、認知症患者の増加だ。厚生労働省の新たな推計によれば、2050年の認知症高齢者は2022年より143万4000人多い586万6000人になる。認知症の前段階である「軽度認知障害」も631万2000人におよぶ。認知症患者には、買い物や医療機関への通院などの日常生活に支障を来すケースが少なくない。親族のサポートを簡単に得られない単独世帯が増えるのだから、事態はより厳しくなる。

高齢になると、認知症でなくとも外出が難しくなる人が多くなる。第2部でも触れたが、農林水産政策研究所は、すでに高齢者の4人に1人は食料品の入手が困難な「買い物難民」になっているとしている。買い物だけでなく、医療機関への通院や役所などに行くのも一苦労という人は珍しくない。

最近は異常気象が常態化しているが、認知機能の衰えた1人暮らしの高齢者が避難するのは大変な労力・負担を伴う。行政などがこれらをサポートするにしても、人々が分散している現状をそのままにして対策を講じることは、コスト面においてもマンパワーの問題からしても無理がある。

答えは「人口集積の二層化」

今後、人口がさらに減っていくことを考えれば、「生活圏」の中において地域ごとに拠点を定めてさまざまな生活機能を集約し、そこに集まり住むことが求められる。

人口激減が想定されるエリアに住み続ける人の中には、「コンビニもあるし、ネット通販もあるのでまったく不便を感じたことはない」と集住を拒否する人が少なくない。集住どころか、あえて人里離れた過疎地を選んで移住する若者もいる。だが、人口減少社会ではコンビニも存続できずネット通販も届かなくなることが問題なのだ。

地域ごとの拠点とは「生活圏」の中に小さな人口集積地が点在しているイメージである。運転手など多くの業種で人手不足が拡大し続けるため、過疎地域の「ポツンと5軒家」といった集落の各戸を1つずつ回ることは年々困難になっていく。住民が集まり住むようになれば、拠点まで荷物を運んだり、拠点を巡回して対面サービスを提供したりすれば済むので、サービス提供者とすればコスト面も含めて少ない人手で効果的に仕事を回せるようになる。

地方公務員も減る。今後は住民自らが行わなければならないことが増えるだろうが、集まって住めば住民同士の助け合いを広げやすいという利点もある。1人暮らしの高齢者の見守りサービスも機能しやすくなる。

課題は、転居を迫られる人の負担だ。経済的な持ち出しが大きくなることはもとより、住み慣れてきた愛着のある土地を離れたくないという人は少なくない。若い世代であっても大変な決断となるが、1人暮らしの高齢者はなおさらハードルが高い。補助金給付などのサポートで引っ越しを促すだけではかどらないだろう。

拠点への集住を促すには、「生活圏」の中で2地域居住を推進することだ。長年住み慣れた自宅はそのままにして、人々が集まる拠点にセカンドハウスを構えるのである。

とはいえ、収入が乏しくなった高齢者がセカンドハウスを購入したり、借りたりすることは難しい。そこで、政府や地方自治体が低家賃で入居できる高齢者向け賃貸住宅を整備するのだ。安心して2地域居住できるよう、地域の顔なじみが同じセカンドハウスに住めるような配慮も必要だろう。

低家賃で入居できる代わりに、入居者には住民同士の支え合いの参加を求める。こうすることで、孤独や孤立対策にもなる。例えば、ウイークデーは地区ごとの小さな人口集積地である拠点のセカンドハウスに集まり住み、土曜日や日曜日などに長年住み慣れた自宅に戻って過ごすといったスタイルが想定されよう。

拠点への集住を図ることは、人手不足対策であり、1人暮らし高齢者対策であり、地域のインフラの持続可能性を高めることにもなる。

人口が激減していく社会においては、まずはどこの地域にどの程度の人口規模を維持し得るのかといった視点をもって国土形成を考えることである。人口の集積でマーケットの縮小を少しでも遅らせられた地域だけが、持続的な成長に向けた社会の作り替えを進められるのである。日本全体に無居住地区が広がろうとも、独立国たる「生活圏」の中においては、誰もが便利で快適に暮らすことができるようにするのだ。こうした「独立国」のような自立的な「生活圏」を全国各地にいくつも構築すると同時に、そうした「生活圏」の中に無数の「拠点」(=小さな人口集積地)をつくるという人口集積の二層化はその答えであり、それ自体が〝地域の戦略的縮小〟という成長モデルにもなっているのである。

ここまで7つの活路を示してきた。繰り返すが、活路の先にあるのは「戦略的に縮む」という成長モデルの成功である。人口が激減する日本は、このままでは国家として存続できないほど縮小する。そうした状況下でいま以上に豊かな社会を築くためには、もはや「縮んで勝つ」という起死回生策しかない。

人口減少は「静かなる有事」である。戦時と同じく大激変時代を潜《くぐ》り抜けていかなければならないということだ。それは現状維持バイアスとの戦いでもある。多くの人が目先の利益にとらわれ続ければ、日本人全体が多くのものを失う。

「有事」である以上、われわれはなりふりを構っていられない。「誰かが何とかしてくれる」といった待ちの姿勢では生き残れない。次世代にこの国のバトンをしっかり手渡ししていくにも、今を生きる日本人が積極的に変わっていかなければならない。「変化はチャンス」である。

おわりに――「次なる一歩」に向けて

前年の合計特殊出生率が丙午《ひのえうま》の年（1966年）を下回り「1・57」になったことが明らかになったのは1990年のことだ。「1・57ショック」と呼ばれ、各メディアが大きく報じた。生産年齢人口のピークは1995年だ。厚生労働省の統計で人口減少が初めて確認されたのは2008年であり、本格的に減り始めたのは2011年である。

人口減少対策に本腰を入れるきっかけは何度もあった。しかしながら、多くの人々はこれを受け流してきた。問題は認識していても、何から着手してよいか分からず動けないという人が大半だったであろう。いまだに砂上の楼閣を築こうと懸命な人が少なくない。

私はこの四半世紀、人口減少がもたらす未来の可視化を続けてきた。同時に、問題解決に向けた動きがなかなか広がっていかない現実にやきもきしていた。いまや日本は〝悲鳴〟を上げ始めている。最近は「このままで日本は間に合うのだろうか」という思いを強くしていた。

ところが、ここにきて変化が表れてきた。人口減少に危機感を抱いた超党派の国会議員が2023年3月に「人口減少時代を乗り切る戦略を考える議員連盟」（人口減少戦略議連）を立ち上げ、このほど衆参両議院の議院運営委員長に人口減少問題特別委員会の設置を申し入れた。令和国民会議（令和臨調）でも与野党国会議員の「超党派会議」が精力的に議論を重ねている。

私は双方の組織に専門家メンバーとして招かれて議論のサポートをしているが、議員たちと直接意見交換してみると強い危機感が伝わってくる。「いまさら」という声もあるだろうが、国民の付託を受けた国会議員が動き出したことは「大きな一歩」である。政府や国会には人口減少を専門に検討する場がいまだ設けられていないが、重い扉が開き始めるかもしれない。

私が本書を世に送り出そうと考えたのは、この「大きな一歩」を確かな歩みにしたいとの思いからだ。

もはや日本は大手術をしなければ助からない段階にある。その準備にあまり時間をかけていられないほど事態は切迫している。一気呵成に大勝負に乗り出し、戦略性をもって縮むことにより勝利するしかない。

だが、「大きな一歩」を踏み出したとはいっても、人口問題はあまりにも大きく、奥が深い。国会議員が法律をつくれば解決する話ではない。国民それぞれがすべきことを確実に成し遂げることが不可欠となる。

それには、正鵠《せいこく》を射た政策や取り組みを根気よく積み重ねていかなければならない。多くの人がそれぞれに何をすべきか正しく理解し、実行に移すことが「大きな二歩目」へとつながると考える。

本書を執筆するにあたって資料収集と分析に想像以上の多大な時間を要した。締め切り時間との勝負のような綱渡りの連続に、気持ちが萎えそうになることもあったが、それを支えてくれたのは小学館新書・書籍編集室の関哲雄さんであった。本書を世に送り出せたのは関さんの励ましと粘り強い仕事ぶりがあってのことだ。

最後となったが、私を支え続けてくれる妻、子どもたち、母、2匹に増えたペットの猫たちに感謝を込めて本書を捧げる。

河合雅司［かわい・まさし］

1963年、名古屋市生まれの作家・ジャーナリスト。人口減少対策総合研究所理事長、人口減少戦略議連特別顧問、高知大学客員教授、大正大学客員教授、産経新聞社客員論説委員のほか、厚生労働省や人事院など政府の有識者会議委員も務める。中央大学卒業。累計100万部突破のベストセラー『未来の年表』シリーズ（講談社現代新書）のほか、『未来を見る力』（PHP新書）、『コロナ後を生きる逆転戦略』（文春新書）、『世界100年カレンダー』（朝日新書）、『日本の少子化　百年の迷走』（新潮選書）など著書多数。

編集：関　哲雄

縮んで勝つ
人口減少日本の活路

二〇二四年　八月六日　初版第一刷発行

著者　河合雅司
発行人　三井直也
発行所　株式会社小学館
〒一〇一－八〇〇一　東京都千代田区一ツ橋二ノ三ノ一
電話　編集：〇三－三二三〇－五九五一
販売：〇三－五二八一－三五五五
印刷・製本　中央精版印刷株式会社
本文ＤＴＰ・図表デザイン　ためのり企画
イラスト　井川泰年

Printed in Japan ISBN978-4-09-825477-4